KB133292

말로 담아내기 어려운 이야기

ERZÄHLEN VOM UNAUSSPRECHLICHEN:

Über Leben und Werk von Primo Levi und Jean Améry by Christoph David Piorkowsk
© 2022 Metropol Verlag, Berlin, Germany

Korean Translation © 2024 by Cheongmi Publishing
All rights reserved.
The Korean language edition published by arrangement with
Metropol Verlag through MOMO Agency, Seoul.

이 책의 한국어판 저작권은 모모 에이전시를 통해
Metropol Verlag 사와의 독점 계약으로 "청미출판사"에 있습니다.
저작권법에 의해 한국 내에서 보호를 받는 저작물이므로
무단전재와 무단복제를 금합니다.

Erzählen vom
Unaussprechlichen

말로 담아내기 어려운 이야기

프리모 레비와 ___장 아메리의 ___인생과 작품

크리스토프 다비트 피오르코프스키 지음 · 김희상 옮김

청미

| 차 례 |

도나Donna와 옐리Yaëli를 위해

들어가기 전에

이 책은 내가 도이칠란트라디오Deutschlandradio•의 방송「기나긴 밤Lange Nacht」을 위해 썼던 원고「말로 담아낼 수 없는 이야기: 작가 프리모 레비와 장 아메리를 생각하는 기나긴 밤」을 토대로 한다. 출간을 위해 방송 원고를 약간만 손보았다. 두 홀로코스트 생존자의 인생과 작품을 다룬 이 이야기는 단지 내 의도를 그림처럼 보여주기 위한 인용문뿐만 아니

• 독일의 공영방송으로 정보와 문화, 청소년으로 나누어 프로그램을 운영하며 재원은 연방정부로부터 지원받되 완전한 독립체로 설립된 방송사다. 공익과 교육 분야에 주력한다. 본부는 베를린(문화)과 쾰른(정보와 청소년)에 있다(옮긴이).

라, 두 작가의 육성을 확인할 수 있는 인용으로 보충되었다. 무엇보다도 레비와 아메리 두 사람과 대화를 나눔으로써 아우슈비츠의 경험에서 서로 다른 결론을 끌어내 선명한 대비를 이루는 두 인물의 생생하고도 농밀한 초상화를 그려보고 싶었다. 두 사람은 매우 비슷한 운명을 겪었음에도 그 삶과 생각에서는 사뭇 다른 모습을 보여준다.

마치 몽타주를 완성해가는 것 같은 묘사는 라디오 방송에만 알맞은 게 아니다. 박해와 격리, 고문 그리고 강제수용소라는 비인간적인 경험을 이야기하기 위해서는 되도록 많은 증인의 폭넓은 증언을 경청하는 게 꼭 필요하다고 생각한다. 이에 더해 문학 교수 사샤 포이허르트Sascha Feuchert 박사의 논평을 덧붙였다. 기센의 유스투스 리비히Justus Liebig 대학교에서 홀로코스트 문학 연구분과를 책임지고 이끄는 사샤 교수는 도이칠란트라디오 방송을 계기로 고맙게도 나의 인터뷰에 응해주었다.

라디오 방송을 위한 원고로 쓰이기는 했지만, 학문적 정확함에 소홀하지 않기 위해 레비와 아메리를 다룬 연구 성과를 최대한 반영했다. 특히 브뤼셀의 문학 교수이자 장 아메리 전집의 책임 편집자인 이레네 하이델베르거레오나르트Irene Heidelberger-Leonard의 연구는 절대 놓쳐서는 안 되는 소중한 자료다. 그 외에 다른 학자들의 연구도 책을 준비하는 데 큰 도움을 주었다. 하지만 이 책의 중심은 역시 레비와 아메리의 작품들이다. 무엇보다 이 작품들의 강독에 집중하고자 했다. 그리고 반유대주의와 홀로코스트, 아우슈비츠를 어떻게 말해야 좋을지 오랫동안 꾸준히 성찰했다.

2022년 3월 베를린에서

크리스토프 다비트 피오르코프스키

서문

오늘날 각 정치 진영이 앞다퉈

홀로코스트가 유일한 사건이 아니었으며

유례를 얼마든지 찾아볼 수 있다면서

공공연히 그 의미를 깎아내리려 하는 판국에,

적어도 아우슈비츠가 실제로 어떠했는지

짐작이라도 하게 해줄 증언을 남기는 일은 꼭 필요하다.

'1, 7, 2, 3, 6, 4.'

장 아메리의 묘비에 새겨진 이 숫자는 한스 마이어_{Hans} Mayer의 피부에 찍힌 낙인이기도 하다. 오스트리아 출신으로 유대인이라는 손가락질을 받았던 마이어는 아우슈비츠에서 풀려나고 10년 뒤 몸서리치게 싫어하던 '평범한 이름'을 내려 놓았다. 그리고 이때부터 자신을 '장 아메리'라고 불렀다. 더 는 지고 다닐 수 없는 한스 마이어란 이름을 철자 순서를 바꿔 프랑스어로 재조합하면 장 아메리가 된다(Hans Mayer → Jean Améry).

이름으로부터는 피할 수 있었지만 그는 몸에 찍힌 숫자, 그의 표현에 따르면 '화를 부르는 유대인'**으로서 세상에 전시된 수감번호로부터 피할 수 없었다. 나치가 고문으로 망가뜨려놓은 몸으로부터도. 그의 몸은 과거가 담긴 석관이 되었다. 그 관에는 인간성을 남김없이 짓밟고 파괴한 시절의 기억이 고스란히 담겼다. 또한 나치의 고문은 두 눈으로 확인할 수 없는 내면의 상처로도 남아 계속 화끈거렸다.

1978년 '자유 죽음Freitod'***에 이르기까지 아메리는 이중의 의미에서 실향민으로 살았다. 독일어가 모국어인 그를 독일인들은 독일 문화에서 추방했다. 유대인 혈통을 타고나기

• 장 아메리, 『죄와 속죄의 저편Jenseits von Schuld und Sühne』, 이레네 하이델베르거레오나르트·게르하르트 샤이트Gerhard Scheit 공동 편집, 전집 제2권, 슈투트가르트, 2002, 7~177쪽, 인용은 168쪽[『죄와 속죄의 저편』은 2012년에 국내에 번역, 출간되었다(옮긴이)].

•• '자유 죽음'은 프리드리히 니체가 만들어낸 개념이다. 그의 책 『차라투스트라는 이렇게 말했다』에는 다음과 같은 문장이 나온다. "죽음이란 경멸받아 마땅한 조건 아래서 벌어진 경우에만 자유롭지 못한 죽음이다. 아직 때가 무르익지 않았음에도 찾아온 죽음, 이는 겁쟁이의 죽음이다. 인생을 사랑하는 마음에서 택한 죽음은 다르다. 아무런 사고 없이 똑똑한 의식을 가지고 택한 죽음, 이것이 자유 죽음이다." 다음 책에 인용된 것을 재인용함. 장 아메리, 『늙어감에 대하여Über das Altern』, 모니크 부샤르트Monique Boussart 편집, 전집 제3권, 164쪽(옮긴이).

는 했지만 그는 스스로 유대인이라고 느껴본 적 없이 성장했기에 유대 민족에게서도 고향을 찾을 수 없었다. 그럼에도 그는 '유대인이 아닌 유대인'이라는 정체성을 자신의 운명으로 받아들였다.

홀로코스트 논의에 획기적으로 물꼬를 튼 에세이 모음집 『죄와 속죄의 저편』에서 철학자이자 쇼아Shoah(쇼아는 '홀로코스트'를 뜻하는 히브리어다) 생존자인 아메리는 어느 날 갑자기 급류에 휩쓸리듯 유대인이 되어버린 수백만 명의 자아와 세계와의 관계를 탐구한다. 이들은 뉘른베르크의 혈통법이 등장하기 전에는 자신이 유대인인지조차 몰랐다.

장 아메리 그들에게, 나에게 유대인으로 산다는 것은 어제의 비극이 바위처럼 가슴을 짓누르는 느낌을 뜻한다. 나의 왼손 팔뚝에는 아우슈비츠 번호가 찍혀 있다. 이 번호는 『모세 5경』이나 『탈무드』와는 비교도 할 수 없이 짧고 간명하지만 훨씬 더 확실한 정보를 알려준다. 이 번호는 유대인이 섬기는 율법보다도 더 큰 구속력을 자랑한다. 내가 나 자신과 세계에게, 종교적인 의미든 민족적인 의미든 유대인 이라 불리는 모든 사람을 포함한 세계에게 "나는 유 대인이다"라고 말한다면, 이 말은 아우슈비츠 수감 번호로 집약되는 모든 현실성과 가능성을 뜻한다.•

　이탈리아의 작가이자 마찬가지로 아우슈비츠 생존자인 프 리모 레비 역시 처음에는 파시즘의 이탈리아가, 다음에는 독 일이 자신을 유대인으로 만들어버렸다고 느꼈다. 1938년 무 솔리니가 동맹국의 혈통법을 받아들였을 때 레비는 자신과 기독교인 친구들 사이에 균열이 일어나는 것을 감지했다. 그 는 파르티잔으로 체포당했으나 아우슈비츠에는 유대인으로 끌려갔다.

　레비는 자신에게 붙여진 유대인이라는 딱지를 어이없는 압 축, 즉 자기 안의 사소한 부분이자 평소 진지하게 생각해본

•　　장 아메리, 『죄와 속죄의 저편』, 167쪽.

적 없는 출신으로 자신의 인격을 확 줄여놓은 것으로 받아들였다. 레비는 화학을 전공한 자연과학자로서 신비주의와는 거리가 먼 불가지론자였음에도, 민족 전통에 자부심이 있었던 피에몬테의 유대인 사회와 곧잘 어울렸다. 아메리가 유대인의 정체성을 받아들였을 때 삶의 기반이 무너져 공허가 입을 벌렸다면, 레비는 유대인을 자신의 아비투스 기반으로 삼아 그의 인생 이야기를 계속 써나갔다.

> **프리모 레비** 이런 식으로 뿌리를 되돌아보다니 비극적이기는 하지만, 이런 상황이 절망스럽고 안타깝기는 하지만, 다시 찾은 정체성이 한편으로는 놀라우면서도 새삼 자부심을 느끼게 한다.*

---

* 가브리엘라 폴리Gabriella Poli · 조르조 칼카뇨Giorgio Calcagno, 『잃어버린 목소리의 메아리: 프리모 레비와의 만남Echi di una voce perduta. Incontri, interviste e conversazioni con Primo Levi』, 밀라노, 1992. 다음 책에서 재인용함. 브리기타 엘리사 짐뷔르거Brigitta Elisa Simbürger, 『사실과 허구: 쇼아의 자전적 기록Faktizität und Fiktionalität. Autobiografische Schriften zur Shoah』, 베를린, 2009, 176쪽.

크게 보면 강제수용소 동료인 아메리와는 반대로 레비는 아우슈비츠에서 풀려난 뒤 어린 시절을 보냈던 땅과 문화로 되돌아갔다. 무솔리니의 이탈리아에서 반유대주의는 파시즘에 물든 오스트리아라는 신분제 국가보다는 기승을 덜 부렸다. 오스트리아는 가톨릭의 'T자형 십자가'에서 나치스의 하켄크로이츠로 이음새 하나 없이 깔끔하게 넘어가 '고향을 제국으로 Heim ins Reich!'라는 구호를 위해 싸울 의지와 각오를 다졌다.•

레비는 순박한 기독교도인 고향 사람들 가운데서 파시즘에 반대하는 많은 동지를 찾아냈으며, 그중 자신과 동료들을 기꺼이 돕고자 하는 의인을 만난 덕에 토리노에서 다시 뿌리를 내리고 살 수 있었다. 그와 반대로 아메리는 오스트리아 사람들과 독일인을 증오의 벽으로 체감했다. 그는 자신의 과거가 미래를 가로막은 벽이 된 느낌에 시달렸다. 레비는 유대인이자 동시에 이탈리아 사람이었지만, 아메리는 영원히 오

• '고향을 제국으로!'라는 구호는 히틀러가 유럽 각지, 이를테면 러시아, 폴란드, 체코 등지에 흩어져 사는 독일 혈통의 사람들을 통합해 거대 제국을 이루자고 내건 것이다(옮긴이).

말로 담아내기 어려운 이야기

스트리아 출신이 아니고자 다짐하며 '유대인이 아닌 게 아닌 사람'** 으로 브뤼셀에 남았다.

쇼아 생존자인 이 두 위대한 사상가가 걸은 인생길이 달랐던 탓에 프리모 레비는 유화적인 낙관주의자로, 아메리는 비관론자이기는 하지만 당당하게 자신의 르상티망Ressentiment(한恨)을 풀어나간 인물이라는 평판을 들었다. 물론 두 사람은 저항에서부터 수용소 경험을 거쳐 그 상흔을 극복하려는 노력에 이르기까지 많은 공통점이 있다. 하지만 아우슈비츠로부터 서로 다른 결론을 도출했으며, 저마다 상대의 독법, 즉 아우슈비츠의 경험을 읽어내는 독법을 강하게 비판했다.

박사학위를 가진 화학자였던 레비에게 수용소는 인간이 특정 상황에서 똑같은 화학물질에 어떻게 반응하는지 배우는 '대학교'*** 였던 반면, 독단을 온몸으로 거부하는 좌파 지

• 다음 자료를 참조할 것. 장 아메리, 『죄와 속죄의 저편』, 167쪽.
•• 다음 자료를 참조할 것. 프리모 레비, 『가라앉은 자와 구조된 자Die Untergegangenen und die Geretteten』(원제: Sommersi e I Salvati, 1986), 모셰 칸 Moshe Kahn 옮김, 3판, 뮌헨, 2019, 149쪽[국내에서는 2014년에 같은 제목으로 번역되었다(옮긴이)].

성인 아메리는 아우슈비츠에서 배울 것은 아무것도 없다고 생각했다.

장 아메리 전체를 두루 살피는 정신은 수용소만큼 은 잘 모르겠다고 선포했다. 그리고 정신은 우리에 게 주어진 과제를 감당할 쓸모 있는 도구이기를 거 부했다. (…) 우리는 아우슈비츠에서 더 현명해지지 않았으며, 더 깊어지지도, 더 나아지지도, 더 인간적 이지도, 더 친절하지도, 윤리적으로 더 성숙해지지 도 않았다. 우리는 수용소에서 벌거벗은 채, 약탈당 해 빈털터리인 그대로, 어디로 가야 좋을지 방향감 각도 잃은 채 나왔다. 다시 자유의 일상 언어를 체 득하기까지는 오랜 시간이 걸렸다. 우리는 오늘날에 도 불편한 마음으로, 정말 현실과 맞는지 전혀 믿지 못하면서 이런 언어를 쓴다.[•]

[•]   장 아메리, 『죄와 속죄의 저편』, 51쪽.

말로 담아내기 어려운 이야기

세상을 보는 아메리의 믿음은 회복할 수 없을 지경으로 무너졌다. 그는 본래 자신이 죽은 사람인데 세상으로 잠깐 휴가를 왔다고 느꼈다. 반면 레비는 아우슈비츠가 다시는 되풀이되지 않도록 증언하는 것을 자신의 과제로 삼았다. 과거는 그에게 감옥이 아니라 작품을 쓸 재료였다. 1979년, 장 아메리의 자유 죽음 이후 1년이 지난 시점에서 레비는 이렇게 썼다.

> **프리모 레비** 나는 수용소에서 풀려난 뒤 만족스러운 세월을 보냈다. 운이 좋았기 때문이다. 수용소의 체험은 다른 사람들이 겪은 것과 같은 손상을 몸에든, 정신에든 입히지 않았다. 나는 가족도, 조국도, 내 집도 잃지 않았다. 아마도 나는 이 체험을 이야기하지 않으려 했다면 글조차 쓰지 않았을 것이다.*

---

* 미리암 아니시모프Myriam Anissimov, 『프리모 레비: 어느 낙관주의자의 비극Primo Levi. Die Tragödie eines Optimisten. Eine Biographie』, 루 게르스트너Lou Gerstner · 페터 푸닌Peter Punin · 로날드 부리에Ronald Voullié 옮김, 베를린, 1999, 9쪽.

레비와 아메리를 다룬 에세이를 쓰는 일은 차마 말로 담아낼 수 없는 것을 어떻게 이야기해야 좋을까 하는, 피할 수 없는 물음과 맞닥뜨린다. 예를 들어 지옥이라는 비유는 이들이 겪었던 고통을 묘사하기에는 턱없이 부족하다. 홀로코스트라는 비인간적 만행은 인간 언어의 상징체계로 적절히 옮길 수 없다. 체험과 언어적 묘사 사이에 뛰어넘을 수 없는 심연이 가로놓이고 많은 생존자가 이 심연 앞에서 절망했다. 하지만 생환자의 증언들도 끊이지 않고 이어졌다.

기센 대학교의 홀로코스트 문학 교수 사샤 포이허르트는 이렇게 설명한다.

사샤 포이허르트 아우슈비츠를 어떻게 이야기할까 하는 당혹감은 한편으로 이해가 가고도 남는다. "아우슈비츠는 언어로 생각할 수도, 말해질 수도 없다"라는 표현은 당한 일과 언어 묘사 사이의 커다란 간극을 담은 분명한 말이다. 아메리는 다음과 같은 간결한 문장으로 심경을 토로했다. "아픔은 아픔이다.

아픔은 주어진 그대로였다." 우리가 이 아픔을 더도 덜도 없이 전해주고자 한다면 다시금 우리는 아픔을 안겨줄 수밖에 없다. 이런 덧붙임은 생각할 수도 없으며 바람직하지도 않다. 다시 말해서 모든 비유, 모든 언어적 표현은 고통받은 사람들 앞에서 무너질 수밖에 없다.

아우슈비츠를 어떻게 말할 수 있을까 하는 물음에 이와 같은 진단은 공허하다. 아우슈비츠는 헤아리기 힘들 정도로 많은 사람이 몸소 당한 고통이지 않은가. 아우슈비츠를 증언하려는 숱한 시도가 있었다. 비록 언어적 묘사가 불충분할지라도 이들은 분명 아우슈비츠의 고통을 주제로 삼았다. 나는 아우슈비츠가 말로 표현할 수 있는 측면이 분명 있다고 믿는다. 하지만 언어로 전달할 수 없는 부분은 틀림없이 남으리라.

이렇게 보면 "아우슈비츠를 주제로 다룬 소설은 소설이 아니거나, 아예 아우슈비츠 이야기를 하지 않는다"라는 엘리 비젤Elie Wiesel•의 유명한 문장은 예나 지금이나 참이다. 이 문장은 아우슈비츠가 허구나 자전적 기록으로는 전달할 수 없는 부분이 분명 존재한다는 점을 강조한다. 어쨌거나 결국 언어 외에 다른 대안은 없다. 생존자들은 이루 말할 수 없는 아픔을 증언할 방법은 언어밖에 없음을 거듭 확인해주고 있다. 특히 프리모 레비가 그렇다.

이 책의 제1부는 프리모 레비와 장 아메리가 수용소로 끌려가기까지의 인생 역정을 다룬다. 레비는 파시즘에 물든 이탈리아에서 청소년기를 보냈으며, 그의 마음은 이미 이탈리아를 떠나 이곳저곳을 떠돌았다. 나중에 베니토 무솔리니가 실권하고 나서야 비로소 그는 적극적으로 파시즘에 저항해 싸웠고 산으로 들어가 파르티잔에 가담했다. 아메리는 벨기

• 엘리 비젤(1928~2016)은 루마니아 태생의 유대인 작가다. 홀로코스트를 증언하는 작품을 주로 썼으며 1986년 폭력과 억압 그리고 인종차별과의 투쟁에 기여한 공로를 인정받아 노벨 평화상을 받았다(옮긴이).

에로 망명했으며 소외당한 실향민으로 전전하다 독일에 저항하는 싸움에 가담했다.

제2부는 고문당하는 아메리와 레비의 수용소 수감으로 시작한다. 그러면서 이야기의 중심은 아우슈비츠로 옮겨간다. 인간으로서 겪는 더없이 비인간적인 굴욕, 사람 사이의 인간다움이 일체 파괴되는 현장을 증언하는 레비의 이야기에 이어, 영혼과 정신을 위해 부르는 아메리의 송가 그리고 복구할 수 없이 망가진 생활을 그린 현상학적 묘사가 전개된다.

제3부의 주제는 '계속 살아야 하는 인생'이다. 무참히 짓밟힌, 상처뿐인 희생자가 이제 과거를 끊어내야 한다고, 내일을 위해 새롭게 출발해야 한다고 윽박지르는 문명에 항의하며 역사 속에 기억될 자리를 인정해달라는 투쟁이 등장한다. 전쟁 이후의 시절은 과거를 복기하자는 기억의 담론을 꺼렸으며, 수용소의 생존자들을 부담스러워했다.

1960년대에 들어서야 비로소 레비와 아메리는 독자들의 주목을 받는 작가가 되었다. 두 사람은 아우슈비츠를 정반대의 관점으로 보았다. 한쪽은 자신을 추스르고 다시 일어선 반면, 다른 쪽은 회복할 수 없이 망가진 자로 남았다. 아메리는 한때 사상적 동지라고 여겼던 좌파에게도 쓰라린 환멸을 맛보았다. 그는 구조적인 반유대주의Struktureller Antisemitismus가 진보적인 정신의 소유자에게도 깊이 침투해 올바른 판단을 내리지 못하게 만든다는 것을 확인했다.* 1978년 아메리는 수면제를 먹고 자신의 손으로 생의 마침표를 찍었다. 몇 년 뒤 레비는 토리노의 부모님 집 계단에서 추락했다. 그도 자살을 택한 게 아닐까 하는 논란은 지금도 그치지 않는다.

홀로코스트를 사료에 기초해 다루는 묘사는 인간의 감정을 차단한다. 반면 자서전 형식을 빌린 묘사는 체험한 인간을 중심에 세운다. 살해당한 수백만 명이라는 무리에서 개인의 운명이 모습을 드러낸다. 몇 안 남은 시대의 증인은 머지않아 입을 완전히 닫고, 홀로코스트는 역사로 굳어지리라. 오늘날 각 정치 진영이 앞다퉈 홀로코스트가 유일한 사건이 아

---

* 구조적 반유대주의라는 표현은 마르크스주의자들이 쓴 것으로, 전형적 반유대주의처럼 유대인을 혐오하지는 않지만, 금융자본처럼 유대인이 주로 장악한 사회적 구조를 바꿔야 한다는 주장이다(옮긴이).

니었으며 유례를 얼마든지 찾아볼 수 있다면서 공공연히 그 의미를 깎아내리려 하는 판국에, 적어도 아우슈비츠가 실제로 어떠했는지 짐작이라도 하게 해줄 증언을 남기는 일은 꼭 필요하다.

제1부

나는 작가도, 지성인도 아니다.

나는 이름도, 출신도, 가족도, 과거도 없기에 확실히 미래도 없다.

나는 누구인가?

나는 불법으로 국경을 넘는 난민이다.

수천 명 가운데 한 명이다.

한스 마이어, 나중에 장 아메리라고 이름을 바꾼 마이어는 1912년 오스트리아 빈에서 태어났다. 그의 아버지는 유대인으로, 오스트리아 서부 포르알베르크Vorarlberg에서 태어나고 자라 선조 유대인이 믿는 종교가 무엇인지조차 몰랐다. 1914년에 아버지는 오스트리아헝가리제국의 군대에 입대해 티롤 지역의 산악부대 군인으로 복무하다가 2년 뒤 전사했다. 아메리가 사진에서 본 아버지는 전통 복장을 차려입은 유대인이 아니라 근사한 군복 차림의 군인이었다.

어머니는 반半유대인으로, 이 때문에 아메리는 사람들 사이에서 완전한 유대인 혈통으로 여겨졌다. 나치스 정권은 이런 식으로 혈통을 분류하는 미친 짓을 서슴지 않았다. 그러나 아메리는 가톨릭 교육을 받고 자랐다. 세상을 하직하던 해에 쓴 에세이 『나의 유대 민족Mein Judentum』에서 그는 이렇게 썼다.

장 아메리 어머니는 독실한 기독교도였지만 '순수 아리아 혈통'은 아니었음을 나중에야 알았다. 어머니는 하루에도 여러 차례 예수와 마리아와 요셉을 부르며 기도를 올렸다. 지방 사투리로 들으면 "예사스마란트요세프Jessasmarandjosef!"˙라고 외치는 것 같았다. 대체 언제 어머니가 히브리어를 썼던가. 내가 어머니 입에서 들은 유일한 유대인 단어는 '네비히nebbich', 곧 '가련하다'라는 말이었다. 가련한 저희를 굽어살피소서. 예사스마란트요세프든, 네비히든 이런 기도를 올릴 이유는 충분했다. 우리는 프롤레

˙ 예수와 마리아와 요셉을 연달아 부르는 통에 한 단어처럼 들린다는 표현이다(옮긴이).

타리아에 가까운 중산층으로 실제로 가련했으며, 예수도 마리아도 요셉도 우리에게 자비를 베풀지 않았다. 우리 가문이 어떤가 하는 이야기는 숱하게 들었지만 유대인을 언급하는 경우는 없었다. 그렇다고 해서 이런저런 이야기는 해서는 안 된다는 말도 들어본 적 없다. 다만 유대인 어쩌고 하는 주제의 대화는 전혀 없었다.[•]

아메리는 종교로든 풍속으로든 혈통으로든 뒤섞인 자기 가족, 말하자면 일종의 다문화 가정을 이웃이 유대인으로 여긴다는 점이 의아했다. 그는 열아홉 살이 되어서야 비로소 유대인이 따로 쓰는 언어가 있음을 알았다. 어린 한스는 오버외스터라이히의 전통 옷을 입고 잘츠카머구트의 울창한 숲에서 뛰놀았다. 나중에 그는 이 숲을 잃어버린 고향으로 추억했다.

[•] 장 아메리, 『나의 유대 민족』, 이레네 하이델베르거레오나르트·슈테판 슈타이너Stephan Steiner 공동 편집, 전집 제7권, 슈투트가르트, 2005, 31~46쪽, 인용문은 32쪽.

어머니 발레리 마이어_{Valerie Mayer}는 남편의 사망 이후 잔병치레가 잦은 아들을 데리고 휴양 도시로 잘 알려진 바트이슐로 이주해, 그곳에서 오래된 작은 식당 하나를 인수해 운영했다. 한스는 농부 아이들 사이에서 외롭다고 느꼈지만 정작 도시에 갈 때는 농촌 촌놈이 되었음을 느끼며 씁쓸해했다. 비록 주변 환경에 완전히 적응하지는 못했지만 그는 아름다운 풍광 덕에 좋은 시절을 선물 받았다.

여자만 보면 거의 병적일 정도로 수줍음을 탄 프리모 레비와는 다르게, 아메리는 이미 사춘기부터 잘츠카머구트의 '말괄량이 프로니'는 물론이고 '새침한 그레텔'까지 거침없이 사로잡았다. 그는 자부심을 숨기지 않는 말투로 시골에서 다듬은 연애론을 펼쳤다.

장 아메리 내 생각에 농촌은 내게 (…) 에로틱한 자유를 만끽하게 해주었다. 이런 자유를 도시 소년은 대개 갖은 난관을, 그것도 적지 않은 가책에 시달려가며 이겨내야 비로소 맛볼 수 있다. (…) 그렇다, 우

　　　　　　　　　　　　말로 담아내기 어려운 이야기

리는 모두 바트이슐에서 아주 일찌감치 연애에 눈떴

다. 내가 무슨 괴짜나 예외는 아니었다.[*]

아메리는 숲속을 산책하고 자연을 마음껏 즐기며 자연을
찬미한 시들을 쓰고 읽는 낭만주의자가 되었다. 그는 정치와
거리가 먼 향토 소설을 애독했으며, 프리드리히 니체와 헤르
만 헤세, 마르틴 하이데거, 루트비히 클라게스, 크누트 함순에
게서 '깊이'를 구했다. 나중에 그는 숲을 즐겨 찾았던 자신의
태도를 신비주의에 매몰된 비합리적인 낭만주의라며 부끄러
워했다. 농촌 소년의 치기였다나. 아메리는 청소년 시절의 향
토애에 취해서 쓴 산문, 숲과 초원을 예찬한 글을 '피와 흙
Blut-und-Boden'[**]이라는 국수주의 관념 놀이에 사로잡힌 멍청

---

[*] 장 아메리, 「그라츠 도시 초입의 식당Gasthof zur Stadt Graz」, 1957(미발표
     원고). 다음 책에서 인용함. 이레네 하이델베르거레오나르트, 『장 아메리:
     체념 속의 항거 Jean Améry. Revolte in der Resignation. Biographie』, 슈투트가
     르트, 2004, 25쪽.
[**] '피와 흙' 사상은 민족마다 고유한 토양, 곧 흙을 가진다는 민족주의를 내
     세운 나치스 정권의 선전·선동 구호다(옮긴이).

하기 짝이 없는 습작이라고 자평했다. 더 시간이 흐른 뒤에는 니체와 하이데거를 파시즘을 전파하는 데 앞장선 철학자로 평가했다.

『죄와 속죄의 저편』, 『늙어감에 대하여』와 더불어 자전적 3부작을 이루는 수필 모음집 『마이스터답지 않은 편력 시대 Unmeisterliche Wanderjahre』˙에서 아메리는 가혹할 정도로 엄격하게 자신을 비판한다. 그는 숲속을 헤매고 다니던 자신의 치기 어린 낭만에 분통을 터뜨리면서, 역사를 살피지 않은 자신의 무지함을 비판한다. 자신이 때를 정확히 읽어내고 올바른 정치적 행동에 나서지 못한 것은 커다란 실수였다면서.

˙ 『마이스터답지 않은 편력 시대』(1971)는 아메리가 자신의 젊은 시절을 돌아보며 쓴 수필 모음집이다. 제목은 괴테가 쓴 『빌헬름 마이스터의 편력 시대Wilhelm Meisters Wanderjahre』(1829)에 빗댄 것이다. 개인의 지적 성장을 주제로 쓴 이 작품을 염두에 두고 아메리는 자신의 편력 시대는 '마이스터Meister(장인)'답지 못하게 방황을 일삼았다는 의미로 'Unmeisterlich'라는 표현을 썼다(옮긴이).

장 아메리 그 나라를 가리켜 사람들은 오스트리아라 부른다. 시대에 상당히 뒤처진 이 알프스 국가는 세상에 내세울 거라곤 지나치게 거대한 수도뿐이며, 과거 강력했던 왕조의 유산을 근근이 이어가고 있다. (…)

그저 옛것에만 매달리는 (…) 이런 보수적인 국가도 성장할까? 어떻게 해서 너는 이런 사회 현실을 외면할 수 있었을까? 어째서 너는 1930년에도 마르크스를 단 한 줄도 읽지 않았는가? 어째서 너는 당시 한창 목청을 높이던 파시즘을 외면하고, 한가하게 시나 지으며 낭만이라는 상부구조에만 매달렸는가? 밤낮으로 울리는 북소리를, 비어홀마다 벌어지던 언쟁과 난투극의 요란한 소리를 듣지 못한 이유는 무엇인가? 군홧발로 행진하던 폭도들의 무어라 형언하기 힘든 얼굴과 군복을 보지 못한 이유는?

이런 무지함과 게으름이 용서받을 수 없다는 점을 나는 안다. 열일곱에서 스무 살까지 한가로이 숲속

을 헤매던 나 자신은 아무리 돌아봐도 다시 찾을 수
가 없다.•

장 아메리는 현실이 요구하는 것 이상으로 한스 마이어를
엄격하게 다루었다. 1924년에 그의 가족은 식당이 파산하는
바람에 빈으로 돌아왔다. 학교를 중퇴한 아메리는 지독할 정
도로 독학에 집중했다. 대학교에는 정식으로 등록하지 않았
지만 중요한 강의는 빠짐없이 챙겨 들어 자유 청강생으로 악
명을 떨쳤다. 1930년부터 그는 서적상 교육Buchhändlerlehre을
공부하기 시작했으며, 시민대학Volkshochschule의 관련 강좌를
섭렵하면서 마침내 강사로도 활동했다. 당시 시민대학은 '붉
은 빈Rotes Wien' 사상가들의 아성과도 같았다. 1934년의 '2월
투쟁'에서 사회민주주의자들은 가톨릭 독재자 엥겔베르트
돌푸스Engelbert Dollfuß 수상이 이끈 파시즘 준군사조직과 총

• 　장 아메리, 『마이스터답지 않은 편력 시대』, 이레네 하이델베르거에오나
　르트·게르하르트 샤이트 공동 편집, 전집 제2권, 슈투트가르트, 2002,
　179~349쪽, 인용문은 186~208쪽.

　　　　　　　　　　　　　　말로 담아내기 어려운 이야기

격전을 벌였다. 일설에 따르면 마이어는 이때 공화수호동맹 Republikanischer Schutzbund을 위해 무기를 몰래 반입하는 일을 맡았다고 한다. 그는 대학교에서 나치스와 주먹다짐을 벌이다 치아 하나가 부러진 것을 매우 자랑스럽게 여겼다.•

그러나 나중에 자신의 정신이 겪은 편력과 성장을 '지치지 않는 꾸준한 바로잡음'••이라고 표현한 장 아메리는 젊은 한

• 서적상 교육은 책 유통과 관련된 일 전반을 체계적으로 공부하는 학문이다. 군이 비교하자면 '도서관학'과 비슷하다. 고객에게 원하는 책을 골라주고 추천하는 사서의 전문성과 더불어 출판의 역사를 환히 꿰어야 한다. 독일과 오스트리아는 법으로 서적상 교육을 수료한 사람만이 해당 분야에서 일할 수 있도록 규정해놓고 있다. 시민대학은 평생교육의 중요성을 강조하며 국가가 운영하는 성인 교육 시설이다. 원하는 시민은 무료로 얼마든지 원하는 강좌를 수강할 수 있다. 다만 정식 학위는 주지 않는 교육기관이다. 그래서 대학교Universität가 아니라 전문대학교를 뜻하는 'Hochschule'라 부른다. 붉은 빈은 1918년에서 1934년까지 오스트리아 사회민주노동당이 집권했던 시기를 이르는 표현이다. 붉은 빈은 1933년 기독사회당 출신의 엥겔베르트 돌푸스가 집권하면서 탄압받아 결국 이듬해에 막을 내렸다. 공화수호동맹은 사회민주당이 조직한 준군사조직이다 (옮긴이).

•• 다음 자료를 참조할 것. 장 아메리, 『지치지 않는 꾸준한 바로잡음: 나 자신을 의심하며 고발한다Revision in Permanenz. Selbstanzeige im Zweifel』, 이레네 하이델베르거오나르트·슈테판 슈타이너 공동 편집, 전집 제7권, 슈투트가르트, 2005, 568~572쪽, 인용은 568쪽.

스 마이어에게 만족할 수 없었다. 정신적으로 그는 안토니오 그람시와 칼 마르크스가 아니라 루돌프 카르나프와 루트비히 비트겐슈타인에게 쏠렸다. 그리고 토마스 만과 그의 망명 문학을 좋아했다. 아메리는 숲 철학자의 거창한 관념 놀이였던 '심오한 의미'를 논리실증주의의 '깨끗하고 명확한 의미'로 대체했다. 그는 빈학파Wiener Kreis의 팬이 되었다.* 그의 성향은 좌파를 자처했음에도 한때 '역사'와 계급투쟁 대신 도덕과 휴머니즘을 우선시했었다.

장 아메리 꿈에서 깨어났음에도 몽환적으로 다시 다른 꿈에 빠지는 일은 얼마든지 일어난다. (…) 타성에 사로잡힌 정신은 단 한 방으로 모든 지혜를 정리해준다는 철학에 거의 반사적으로 매달린다. 그

• 빈학파는 빈 대학교에서 자연과학과 사회학과 논리학, 수학 분야의 철학자와 과학자가 정기적으로 가진 모임을 이르는 이름이다. 모리츠 슐리크, 루돌프 카르나프, 쿠르트 괴델이 그 주요 면면으로 이른바 논리실증주의를 대변한 모임이다. 루트비히 비트겐슈타인과 카를 포퍼도 모임과 밀접한 관계를 유지했지만 참석하지는 않았다(옮긴이).

저 믿기만 하면 된다면서. 세계는 이 철학으로 모두 남김없이 설명된다고 말이다. 모든 것을 설명해준다는 철학과 나란히 악마가 고개를 치켜든다.

1933년 베를린의 4월 어느 날, (…) 논리적 모순을 허락하지 않는 명확한 의미는 이웃 국가에서 들려오는 소름 끼치는 뉴스에 무너지는 가슴을 막아주지 못한다. 고향 농부들의 무조건적인 보수와 같은 우둔한 의미, 나아가 예수회의 위선과 맞물린 우둔한 의미도 논리실증의 명확함은 누르지 못한다. (…) 오직 명확하게 생각할 줄 아는 사람만이 (…) 나치도, 기독교의 파시스트도 되지 않을 따름이다. 이제 비합리주의의 미학에서 벗어났나 했더니, 다시금 논리의 미학에 빠져 헤매는구나. (…)

풀 길 없는 난제가 존재하지 않는 정신적 우주의 일원으로 부당한 질서로부터 안전하다고 느꼈지만, 이 부당한 질서는 법을 무기 삼아 화장터를 펼쳐놓는구나. (…) 너 자신을 찾고자 한다면 너는 사회와 역

사를 생각해야만 한다.[•]

1935년 가을에 젊은 한스 마이어는 역사를 외면하는 합리성이라는 밝은 영역, 논리적으로 앞뒤가 딱 맞아떨어지는 명확한 의미라는 논리실증의 영역에서 빠져나와 역사의 격랑 속으로 몸을 던졌다. 그러나 아메리가 보는 역사는 헤겔파와 마르크스주의자의 관점처럼 세계정신이 자신을 실현한다거나, 혁명이 지상의 에덴을 세우는 변증법적 과정이 아니었다.

현실은 헤겔이 믿었던 것처럼 이성적이지 않다. 그저 인간이 만드는 재난일 따름이다. 아메리는 평생에 걸쳐 현실이 도덕적 면모를 갖출 때만 이성적인 것으로 받아들였다. 1930년대의 현실은 눈을 씻고 봐도 도덕적이지 않았다. 뉘른베르크 법[••]은 한스 마이어에게 앞으로 영원히 유대인이 되어야 한다고 강제했다. 그가 자신을 누구라 보든 상관없이.

• 　 장 아메리, 『마이스터답지 않은 편력 시대』, 212~220쪽.
•• 　뉘른베르크 법은 나치스가 1935년에 제정한 반유대주의 법이다. '독일인의 피와 명예를 지키기 위한 법률'과 '제국시민법'을 총칭한다(옮긴이).

장 아메리 1935년. 나는 당시 뉘른베르크 제국시민법을 빈의 어느 카페에 앉아 달달 외울 정도로 읽었다. 그리고 마침내 더할 수 없이 분명하게, 대다수 독일인과 오스트리아인에게 내가 (…) 유대인으로 여겨진다는 사실을 깨달았다. (…) 사회는 내가 유대인이기를 원했고 나는 이 판결을 받아들여야만 했다. 주체성으로 되돌아가 나는 내가 유대인으로 느껴지지 않는다고 항변할 수는 있겠지만, 이런 말은 나 개인의 아무 의미 없는 사적인 놀이에 지나지 않으리라. 10년이 지나고 나서야 비로소 나는 사르트르의 『유대인 문제에 관한 성찰Réflexions sur la question juive』*을 읽었다. 사르트르는 유대인이란 다른 이들에게 유대인이라고 손가락질받는 사람이라고 썼다. 이 말은 정확히 나를 가리킨다…….**

---

* 사르트르의 『유대인 문제에 관한 성찰』은 파리가 독일 점령에서 풀려난 1944년에 쓴 책으로 1946년에 출간되었다(옮긴이).

** 장 아메리, 『나의 유대 민족』, 36~38쪽.

아메리가 1978년에 쓴 글이다. 사실 유대인과 관련된 문제의식은 아메리가 사르트르보다 훨씬 앞서 고민했다. 이미 1934~1935년에 20대 초반의 한스 마이어는 사르트르의 유명한 '시선의 현상학', 즉 타인을 바라보는 경직된 시선이라는 현상을 문학 작품으로 담아냈기 때문이다. 소설가로서의 데뷔작인 『난파선Die Schiffbrüchigen』에서 오이겐 알타거Eugen Althager라는 이름의 주인공은 나중에 아메리가 에세이에서 현상학적으로 궁구한 문제의식을 몸소 경험한다(마이어는 이 원고를 토마스 만과 로베르트 무질Robert Musil에게 우편으로 보냈다. 그동안 상실되었다고 여겨졌던 원고는 아메리의 사망 이후 오랫동안 묻혀 있다가 우연히 발견되어 세상에 나왔다).

하지만 이 작품은 '너는 유대인'이라며 억압하고 탄압하는 외부의 시선을 내면화하는 것만 다루진 않는다. 억압자의 시선을 내면화하는 문제는 훗날 프란츠 파농Frantz Fanon•도 식

• 　프란츠 파농(1925~1961)은 프랑스의 정신의학자이자 작가다. 식민지 시대에 시달린 민중이 겪는 정신적 아픔을 정면으로 고발한 『검은 피부, 하얀 가면Peau Noire, Masques Blancs』(1952)으로 잘 알려져 있다(옮긴이).

민지 시대가 낳은 폐해로 고발한 바 있다. 아무튼 이런 내면화 문제 말고도 『난파선』은 아메리가 중시한 다른 주제, 자유 죽음과 아픔으로 무너지는 정신을 치열하게 다룬다. 그리고 주인공 오이겐을 통해 아메리는 유대인임을 부끄러워하는 자신이 한심하다는 생각과 배척당하는 사람들에게 느끼는 무제한의 연대감을 드러낸다.

장 아메리 검은 머리의 청년이 피를 철철 흘리며 거리를 정신없이 달린다. 그 뒤를 갈색 셔츠를 입은 남자 약 15명이 추격한다. 몇 명은 곤봉을 휘두른다. (…) 미쳐버릴 것처럼 벌렁거리며 뛰는 가슴은 청년을 도우라고 명령한다. 그러나 이내 혐오스럽기 짝이 없는 생각이 고개를 든다. 저들은 나를 알아보지 못하는구나. 다행이다. (…) 아냐, 나도 노릴 거야. 나도 공격당할 수 있어. (…) 오이겐은 알았다. (…) 자신이 다시금 못난 선택을 하리라는 걸. 물론 15명에 맞서는 것은 무의미하다. (…) 그러나 그는 생각만으로라도 쫓기는 청년에게 거리를 두고 싶지 않았다.
특히 저 15명이 지켜보는 앞에서. 간격은 남았다. 저
술집이나 기웃거리며 춤추기 좋아하는 청년 또는
아버지의 잘나가는 법무법인을 물려받을 법대생을
내가 뭐라고 신경 쓰나. 하지만 피를 흘리는 청년을
공격하는 저 남자들에게는 반드시 거리를 두어야만
한다. 저들에게 맞선다면 나도 쫓기겠지. 하지만 맞
서지 않으면 나 자신에게 쫓기리라.[*]

사샤 포이허르트 장 아메리는 1933년 유대인 공동
체에서 탈퇴했다가 1937년에 재입회했다. 이 두 시
점 사이의 차이를 가른 결정적인 계기는 뉘른베르
크 법을 아메리가 곱씹었다는 점이다. 유대인 공동
체에 재입회한 것이 약혼과 관련이 있기는 할지라

---

[*] 장 아메리, 『난파선』, 이레네 하이델베르거오나르트 편집, 전집 제1권,
슈투트가르트, 2007, 7~285쪽, 인용은 20~21쪽.

도, 탈퇴와 재입회라는 두 번의 사건이야말로 장 아메리와 유대교의 관계를 상징적으로 확인해준다고 나는 본다. 그 자신이 말했듯, 유대인일 수 없음에도 유대인이어야만 하는 그의 속내는 오죽했을까. 하지만 공동체에 다시 가입했다고 해서 그가 유대인 전통이나 종교를 자신의 정체성으로 받아들인 것은 아니다. 다만 그는 자신이 유대인으로 만들어졌음을 감내했을 따름이다.

이미 1932년에 한스는 사랑에 빠졌다. 상대는 나중에 아내가 된 레기네Regine다. 알프스의 전통 드레스 디른들Dirndl을 입은, 붉은 머리에 주근깨가 귀여운 레기네는 그라츠 사투리를 쓰는 독실한 유대인이었다.

가톨릭 성향의 파시스트로서 최초로 수상의 자리에 올랐던 엥겔베르트 돌푸스는 오스트리아 나치스가 7월에 쿠데타를 일으켰다가 실패하는 과정에서 살해당했다. 이후 수상 자리를 물려받은 쿠르트 슈슈니크Kurt Schuschnigg가 1938년에 실각하면서 가톨릭 신분제 국가는 짧은 수명을 다하고 이내 무너지고 말았다. 오스트리아는 대독일 제국의 지도자 히틀러의 목에 매달린 신세가 되었다.

> **장 아메리** 나라가 썩어간다. (…) 오스트리아는 독일 국가였다. 그러나 이웃이 결정적으로 더 독일적인 탓에, 빨강과 하양과 빨강 줄무늬의 오스트리아 국기가 나부끼는 영토 안 사람들조차 갈수록 더 '지도자'에 열광하며 감격의 눈물을 흘려대는 통에 순진한 눈이 더 멍청하게 보인다. (…) 가방 몇 개를 들고 빈으로 탈출한 저 독일 이주민은 잠잘 곳을 찾기 위해 프라하로 피신해야만 했다. 카페마다 지도자가 여는 새로운 여명에 감격하는 분위기가 넘쳐난다. (…) 오스트리아는 더는 존재하지 않으며, 최고의 오스트리아인은 자신이 오스트리아 국민이기를 원치 않는 사람일 뿐이다.*

나치스 독일이 오스트리아를 병합한 이후 한스는 더는 조국에 머무를 수 없음을 깨달았다. 어머니의 예전 약혼자이자 아리아인의 혈통을 지닌 남자가 호적상 아버지 노릇을 해주겠다고 제안했다. 관청에서 호적을 관리하는 친구가 서류 문제를 해결해줄 거라면서.

> **장 아메리** 나더러는 서둘러 사소한 문제 하나만 해결해달라고 했다. 그동안 이미 법적으로 아내가 된 유대인 여인과 헤어지란다. 오늘날에도 나는 자문하곤 한다. (…) 혹시 당시 어머니의 제안을 내가 받아들였다면, 나는 이 사투리를 쓰는 유대인 여인을 생각하며 가슴이 덜 아프지 않았을까? 그녀는 '오스트마르크Ostmark'**•••의 관광 광고 모델로 선발될 정

- • 장 아메리, 『마이스터답지 않은 편력 시대』, 229쪽부터.
- •• 오스트마르크는 1939년에서 1942년까지 독일에 병합된 오스트리아를 부르던 명칭이다(옮긴이).

도로 최고였는데.[*]

1938년 12월 한스와 레기네 마이어는 빈의 협소한 집에서 한때 공부를 같이했던 옛 친구의 방문을 받았다. 그동안 나치로 변신한 친구는 11월에 벌어졌던 포그롬Pogrom, 곧 대학살은 서막에 불과하다고, 머지않아 더한 피바람이 불 거라고 경고했다. 돈도 없이 꼭 필요한 것만 주섬주섬 챙긴 마이어 부부는 서둘러 집을 나섰다. 빈의 서부역으로 달려갔던 이때를 떠올리며, 아메리는 1968년 도이칠란트풍크Deutschlandfunk(라디오 방송)에 출연하고자 쓴 원고『밀려나고 추방당하다Verfemt und Verbannt』에서 히틀러의 선거 승리로 시작된 망명길이었다고 묘사했다.

장 아메리 히틀러는 오스트리아를 짓밟았다. 대중은 몇 주째 독일 병합의 축제를 즐겼다. (…) 얼마 전

---

[*]　장 아메리, 『나의 유대 민족』, 38쪽.

　　　　　말로 담아내기 어려운 이야기

만 해도 영국 관광객이 바이에른 민속춤을 구경하려고 즐겨 찾던 나라, 겨울 스포츠의 엘도라도이자 바로크풍의 박물관, 바이올린 선율로 가득한 하늘을 자랑한 낙원은 1938년 3월 11일부터 음흉한 웃음으로 이웃을 감시하는 국가가 되고 말았다. 목숨을 위협하는 이 위험한 감옥에서 어떻게든 도망가야만 한다. (…) 이 국가는 파국을 향해 치닫고 있다. 물론 파국이 오기까지는 시간이 걸리리라. 그러나 성탄절만 지나도 (…) 마치 대리인처럼 찾아온 친구의 마뜩잖은 충고를 따라 몽유병 환자처럼 피난길에 오르는 심정은 착잡하기만 하다. (…) 어떤 오스트리아 남자가 1938년 12월에 죽었다. 이제 이 난장판을 잊고 평안을 누리기를.[•]

• 장 아메리, 『밀려나고 추방당하다: 30년 전 망명의 추억 Verfemt und verbannt. Vor dreißig Jahren. Erinnerungen an die Emigration』, 이레네 하이델베르거레오나르트·게르하르트 샤이트 공동 편집, 전집 제2권, 슈투트가르트, 2002, 790~814쪽, 인용은 793~814쪽.

＊＊＊

　프리모 레비는 1919년 토리노에서 태어났다. 베니토 무솔리니가 로마로 진군해 권력을 움켜쥐기 3년 전이다. 어린 프리모에게 유대인으로 산다는 것은 무엇보다도 책을 많이 읽는 걸 의미했다. 그의 아버지는 햄이라면 사족을 못 쓰는 바람에 코셔Kosher 율법을 어기기 일쑤였다. 그는 "길을 갈 때나, 잠자리에 들 때나, 심지어 아침에 일어나자마자" 햄을 우물거리며 책을 읽었다.•

　아버지가 집 안에 들여오는 수많은 책을 초등학생이었던 레비는 왕성한 지적 호기심으로 읽었다. 특히 그는 대중과학 책에 강하게 끌렸다. 화학을 마법적인 예술이라고 격찬했던 레비의 화학 사랑은 이미 이때부터 시작되었다. 그는 물질세계의 변화를 읽어낼 줄 아는 지식이야말로 최고의 진리에 오

•　프리모 레비, 『뿌리 찾기: 개인 선집La ricerca delle radici. Antologia personale』, 토리노, 1981. 다음 책에서 인용함. 미리암 아니시모프, 『프리모 레비: 어느 낙관주의자의 비극』, 33쪽부터.

르는 길을 열어 그의 정신이 겪는 카오스를 깔끔하게 정리해
줄 거라고 믿었다.

프리모 레비 나에게 화학은 미래의 가능성으로 이
뤄진 구름, 그러나 어디로 흘러갈지 방향은 알 수 없
는 구름과 같았다. 화학은 나의 미래를 번갯불이 번
쩍이는 검은 먹구름, 마치 저 시나이산을 드리웠던
것과 같은 먹구름으로 뒤덮었다. 모세와 마찬가지로
나는 이 구름이 법을, 나와 내 주변의 모든 것과 세계
에 질서를 부여해줄 법을 베풀어주리라 기대했다.[*]

레비에게 '유대 민족'은 책 외에도 가족에 관한 무수한 일
화로 끈끈히 연결되었다. 함께 만나 웃고 즐기기를 좋아하는
가족의 추억들로 묶인 꽃다발은 아름다운 자태를 뽐냈다.

---

[*] 프리모 레비, 『주기율표Das periodische System』(원제: Il Sistema Periodico),
에니트 플라크마이어Edith Plackmeyer 옮김, 제9판, 뮌헨, 2016, 27쪽.

이탈리아의 유대인은 세계에서 주변에 가장 잘 동화했다는 평판을 듣는다. 유럽의 다른 국가 유대인과 비교하면 이탈리아 유대인은 그 전통 종교 유대교와 연을 끊은 이가 많다. 리조르지멘토Risorgimento, 곧 1861년에 이뤄진 이탈리아 통일 과정에서 유대인들은 가톨릭이 아닌 세속의 편에 서서 최전방에서 싸웠다. 나중에 파시즘이 준동할 때도 그 투쟁의 선봉에는 유대인이 섰다.

이탈리아의 작은 유대인 공동체를 구성하는 대다수 사람들은 종교와 정치를 분리하는 이탈리아에 호감을 갖고 강한 애국심을 자랑했음에도 유대 문화를 가꾸는 데 소홀함이 없었다. 유대 민족의 이런 자부심은 그 출신과 풍습에 바탕을 둔 집단적 정체성이다.* 레비의 가족은 피에몬테어를 썼다. 이

---

* 다음 자료를 참조할 것. 루트 나터만Ruth Nattermann, 『초기 이탈리아 여성 운동의 유대인 여인들(1861~1945): 토론과 범국가적 네트워크Jüdinnen in der frühen italienischen Frauenbewegung (1861~1945). Biografien, Diskurse und transnationale Vernetzungen』, 로마의 독일 역사 연구소 총서Bibliothek des Deutschen Historischen Instituts in Rom 제140권, 베를린/보스턴, 2019, 6~15쪽.

언어는 곳곳에 히브리어가 강하게 섞여 있다. 절충적 성격이 강한 이 특수 언어 덕에 레비는 단어의 역사와 어원을 살피는 어원학에 큰 관심을 가졌다. 글을 쓰며 레비는 실험실에서처럼 단어의 무게를 가늠하고 그 표현력을 관찰해가며 개념의 역사적 뿌리를 살피고 의미론의 후광을 더했다.

종교를 그리 중시하지는 않았을지라도 레비의 가족은 유대인의 명절인 욤 키푸르Yom Kippur와 퓨림절Purim을 빠짐없이 챙겼다. 유월절에는 조부모의 집에 40여 명의 손주들이 모여 웃음꽃을 피웠다.[*]

피에몬테의 유대인은 '세파르디Sephardi'라고 하는데, 이들은 스페인 지역 출신으로 1492년 스페인에서 쫓겨난 조상의 후손이다. 레비는 1975년에 일화 중심으로 써서 발표한 자서전 『주기율표』에서 각 장의 제목을 화학원소로 달았는데, 조상에게는 비활성 기체 '아르곤'을 헌정했다.

---

[*] 다음 자료를 참조한 것. 미리암 아니시모프, 『프리모 레비』, 41쪽부터.

프리모 레비 조상이 변화무쌍한 삶을 살며 각기 다른 모습을 보여주었음에도 공통으로 확인할 수 있는 특징으로 차분함, 인생의 거대한 흐름에서 주변으로 물러나 품위 있게 풍파를 (원했든 감내했든) 인내하는 모습이 꼽히는 것은 우연이 아니다. 고결하고 정적이어서 좀체 모습을 드러내지 않고 절제하는 조상의 삶은 이탈리아와 유럽의 다른 유명한 유대인 공동체와 비교해 상당히 조촐한 역사를 남겼다.

조상은 아마도 1500년경에 스페인을 떠나 프로방스를 거쳐 피에몬테로 넘어온 모양이다. (…) 토리노에서 환영받지 못하거나 아예 거부당한 이들은 피에몬테의 남부에 정착해 여러 공동체를 꾸렸다. (…) 주목할 만한 박해를 받았다는 이야기는 전해지지 않는다. 그러나 1848년 도도한 혁명의 물결 이후 몇십 년에 걸쳐 꾸준히 도시로 이주했음에도, 불신과 은근한 적대감 그리고 심지어 조롱의 벽에

막혀 세파르디는 일반 시민과 거리를 두며 살았던 모양이다.[*]

　19세기에 이탈리아의 유대인이 아무런 제한을 받지 않고 동화했다는 전설은 그동안 역사적 근거가 없는 것으로 반박되었다. 사회의 일원으로 인정받고자 하는 유대인의 투쟁이 반유대주의라는 저항에 시달린 것은 이탈리아의 유대인이라고 예외가 아니었다.[**] 반유대주의는 기독교 문화가 상투적으로 내건 간판이다. 이탈리아의 유대인 혐오가 유럽의 다른 국가에 비해 덜하기는 했지만, 레비는 학교에서 차별에 시달렸다. 같은 반 아이들은 레비가 할례를 했다고 놀렸다. 레비는 따돌림을 받는 것 같아 무척 수치스러워했다.

　레비의 전기를 쓴 미리암 아니시모프는 그가 여인 앞에만 섰다 하면 쑥스러워 어쩔 줄 몰라 하는 원인이 이때의 경험

・　　프리모 레비, 『주기율표』, 7쪽부터.
・・　다음 자료를 참조할 것. 루트 나타만, 『초기 이탈리아 여성운동의 유대인 여인들(1861~1945)』, 259~279쪽.

때문이라고 설명한다. 17살의 레비는 친구에게 이런 따돌림을 받느니 스스로 목숨을 끊고 싶다고 할 정도였다. 훗날 레비가 자유 죽음을 비판했음에도 결국 스스로 '자살자'가 되었다는 소문은 바로 여기에 기인한다.•

사샤 포이허르트 내가 보기에 장 아메리와 프리모 레비는 반유대주의를 매우 다르게 경험했다. 장 아메리는 독일의 '병합'으로 오스트리아가 인종법을 받아들여 반유대주의가 본격적인 공격성을 발휘하기 전부터 이미 치명적 위해를 가하는 환경에서 살았지만, 이탈리아의 분위기는 조금 달랐다.

프리모 레비가 경험해야만 했던 반유대주의는 아메리의 경우보다는 덜 가혹하기는 했지만 그래도 위협적이었다. 나중에 레비는 아메리와 마찬가지로 자신이 유대인으로 만들어졌다고 느꼈다. 어떤 형태든

• 다음 자료를 참조할 것. 미리암 아니시모프, 『프리모 레비』, 24쪽.

말로 담아내기 어려운 이야기

따돌림, 인종차별, 반유대주의는 인간에게 심각한
피해를 안긴다. 프리모 레비도 피해 갈 수 없었다.

학교의 파시즘 교과과정은 레비가 인문학을 싫어하도록 몰
아붙였다. 레비가 다닌 학교였던, 휴머니즘을 교훈으로 삼는
김나지움은 파시즘에 반대하는 교사 대다수를 이미 1930년
대 중반에 교직에서 몰아냈다. 다시금 레비는 화학이야말로
이런 '타락'으로부터 자유로운 학문이라고 확인했다. "모든 단
계를 검증할 수 있으며, 부풀려진 거짓말이 통할 수 없는 화
학"이야말로 파시즘을 막아줄 해독제라면서.[*]

어떤 여교사는 진정한 교양은 오로지 문학만이 선물한다
며, 자연과학은 그저 정보만 줄 뿐이라고 설명했다고 한다. 이
말에 충격을 받은 레비는 이후로도 평생, 인식의 세계를 이처
럼 인문학과 자연과학으로 갈라놓고 자연과학을 차별하는
것에 분노를 참지 않았다.

---

[*] 다음 자료를 참조할 것. 프리모 레비, 『주기율표』, 48쪽.

전쟁에서 살아남은 전후 시절 레비는 장 아메리가 너무 지적으로 편협한 개념을 쓴다고, 화학자는 무슨 말인지 알아볼 수 없어 마치 과학자를 따돌리는 것만 같은 언어를 쓴다고 비판했다. 레비에게 '물질'은 정신이라는 현상과 어깨를 나란히 하는 차원을 자랑한다. 레비는 아우슈비츠에서 읽으며 버틸 힘을 얻었던 단테 알리기에리Dante Alighieri의 『신곡La Divina Commedia』 못지않게 화학이 시적이라고 보았다.

1937년, 곧 이탈리아가 뉘른베르크 법을 받아들이고 유대인은 대학교에 새로 등록하지 못하게 막기 직전인 그 한 해 동안 레비는 화학을 공부했다. 레비는 화학과 실험실을 두고 "파시즘이라는 광기의 한복판에 떠 있는 이성의 섬"이라고 표현했다.* 반유대주의가 아예 법으로 명문화되자, 레비는 자신이 배척당한다는 느낌을 지울 수 없었다. 같은 과 동료들은 그를 적대시하지는 않았지만 거리를 두고 말을 섞지 않았다.

---

* 가브리엘라 폴리·조르조 칼카뇨, 『잃어버린 목소리의 메아리』. 다음 책에서 재인용함. 미리암 아니시모프, 『프리모 레비』, 62쪽.

말로 담아내기 어려운 이야기

레비는 자연철학의 세계관으로 그저 자신을 위로할 뿐이었다.

프리모 레비 섬세하고 예민한 아연은 산에 워낙 민감해서 산에 조금만 닿아도 완전히 다른 성질을 보여준다. 하지만 매우 순도가 높은 아연은 그 어떤 결합에도 완강히 저항한다. 이로부터 끌어낼 수 있는 철학적 추론은 두 가지다. 순수함은 악으로부터 우리를 지켜주는 방패로 칭송받아 마땅하다. 반면 불순함은 변화로 이끌어 생명의 길을 열어주는 촉매로 그 역할을 인정해주어야 마땅하다.

나는 도덕적 반감으로 무장한 첫 번째 결론보다는 지금 나의 상황을 설명해줄 수 있는 두 번째에 더 집중하고 싶다. 생명력을 살려내는 바퀴가 계속 구를 수 있도록 불순함이 그리고 불순함의 불순함이 제 역할에 충실해야 한다. 물론 변화의 상황이 견디기 힘든 두려움과 역겨움을 자아낸다고 할지라도.

다름과 반론은 소금과 겨자씨처럼 생명이 번성하는 데 꼭 필요하다. 하지만 파시즘은 다름을 인정하지 않고 반론을 찍어누른다. 파시즘은 달라서는 안 된다고 윽박지른다. 바로 그래서 너는 파시스트가 아니다. 파시즘은 모든 것이 똑같아야 한다고 강요하지만, 너는 똑같지 않다. (…) 나는 아연의 반응을 끌어내는 불순함이다. 나는 소금이자 겨자씨다.

세상을 정하는 힘, 그것은 불순함이 제공한다. 요 몇 달 전부터 '인종의 방어Die Verteidigung der Rasse'라는 이름의 잡지가 발간되기 시작했다. 이 잡지는 곳곳에서 순수함을 강조한다. 그러나 나는 내가 불순하다는 점에 자부심을 느끼기 시작했다.*

실험실 바깥으로 나온 레비는 산에서 구속 없는 자유를 느꼈다. 노년에 이르기까지 그는 열정적으로 등산을 즐겼다.

---

*   프리모 레비, 『주기율표』, 39~41쪽.

말로 담아내기 어려운 이야기

산에서도 물질을 다스리려는 노력이 중요하다. 레비와 함께 비바람이 몰아치는 악천후에도 비탈과 절벽을 타며, 식량도 거의 없이 며칠 동안 산을 누비곤 했던 산드로Sandro라는 친구가 있었다. 기독교를 믿었던 그 친구는 1944년 살로 공화국Repubblica di Salò이라는 괴뢰정부의 하수인, 곧 무솔리니가 히틀러의 꼭두각시 노릇을 하기 위해 세웠던 이탈리아 사회공화국의 열다섯 살 앞잡이에게 살해당하고 말았다. 『주기율표』에서 레비는 산이 지닌 신비의 힘을 알려준 친구의 죽음을 애도하며 이렇게 썼다.

> **프리모 레비** 어떤 계절이든 그는 개의치 않았다. (…) 그는 자신의 한계가 무엇인지 알아내고 이를 끌어올리는 일에만 관심을 가졌다. 암울한 가운데서 그는 시시각각 가까이 다가오는 냉혹한 미래에 대비할 수 있게 자신(그리고 나)을 단련하고자 하는 욕구를 내비쳤다.
> 산에서 산드로를 본 사람은 세계와 화해한 인간은

저런 모습이구나 감탄하며 유럽을 짓누르는 가위눌림을 잊었다. (…) 그는 내게 하늘과 땅과 하나가 되는 새로운 느낌을 가르쳐주었다. (…) 인생이 내게 선물한 모든 좋은 것 가운데서도 이처럼 강하고 자유롭다는 감정을 따라올 수 있는 것은 없다. 또 자유롭게 헤매도 좋으며, 나 자신의 운명은 내 손에 달렸다는 확인도 소중한 경험이다.

겉보기로는 별것 아닌 듯한 이런저런 일을 함께하자고 이끌어준 산드로가 고맙기만 하다. 그는 의도적으로 까다로운 상황을 만들어가며 경험을 쌓게 해주었다. 확신하건대 이런 경험은 나중에 분명 쓸모가 적지 않으리라.*

인종법이 도입되기는 했지만 1941년 이탈리아 유대인의 상황은 오스트리아나 독일과 비교하면 안정적이기는 했다.

---

*   앞의 책, 51~55쪽.

1938년 이전에 대학교에 등록한 레비는 학업을 마칠 수 있었다. 화학과는 레비가 유대인이라는 이유를 들어 꺼렸지만, 물리학과는 그를 박사과정에 받아주었다. 파시즘에 반대하는 물리학과 교수가 레비를 후원해주었기 때문이다. 유럽의 유대인이 가혹한 운명에 시달린다는 소식을 듣고 착잡했던 레비는 나중에 이런 문장을 썼다. "나와 친구는 장차 맞이할 불행을 애써 잊으려 했다."*

　학업을 마친 레비는 일자리를 찾아야만 했다. 아버지가 종양에 걸려 몸져누운 탓에 일자리는 더욱 시급했다. 하지만 유대인을 채용하는 곳은 거의 없었다. 광산에서 화학자로 허드렛일을 하던 레비는 결국 밀라노로 이주해 한 스위스 기업의 실험실 연구원으로 활동했다. 그곳에서 그는 활달한 성격의 줄리아Giulia에게 사랑을 느꼈지만 너무 수줍어하는 통에 고백조차 하지 못했다. 결국 그녀는 다른 남자와 결혼했다. 그러나 그녀와 레비는 평생 우정을 나누었다.

---

* 　다음 자료를 참조할 것. 앞의 책, 57쪽.

밀라노에서 레비는 토리노에서 같이 온 일곱 명의 친구와 함께 살았다. 이들은 시련을 견디고 살아남을 수 있기만을 간절히 바랐다.

프리모 레비 우리는 파시즘에 저항해야만 한다는 생각을 아직 엄두조차 내지 못했다. 아리아인이든 유대인이든 우리 세대는 누구라고 할 것 없이 모두 주저하며 두려움에 떨기만 했다. 그만큼 우리의 저항은 수동적이었고, 오로지 거부의 몸짓에만 그쳤다. (…)

적극적인 저항의 씨가 틔운 싹은 몇 년 전 무자비한 낫질로 모두 잘리고 말아 우리까지 그 생명력을 전해주지 못했다. 마지막으로 남은 영웅은 (…) 감옥에 가거나 추방당하거나 망명길에 오르거나 침묵을 강요받았다. 아무것도 없는 허허벌판에서 우리는 파시즘을 겨냥한 저항운동을 '지어내야만 했다.' (…) 우리는 가까운 주변에서부터 뜻을 같이할 동지를

찾으며 길을 열어보려 했지만 이 길은 멀리 나아가

지 못했다.[*]

연합군이 아프리카 북부에 상륙했고, 나치스의 군대는 스
탈린그라드에서 무너졌다. 무솔리니는 실권했으며, 피에트로
바돌리오Pietro Badoglio가 파시즘 붕괴 이후 초대 수상을 맡았
다. 그러나 오래가지 않아 '두체Duce'[**]는 나치스에게 구조되
어 이탈리아 북부의 살로에 꼭두각시 정부를 세웠다. 이제 독
일은 현장의 점령군으로 악독하기 짝이 없는 파괴 계획을 밀
어붙였다. 곳곳에서 유대인이 사냥감으로 추적당했다. 이 시
기, 곧 1943년 가을에 레비와 친구들은 무장 저항의 길을 걷
기 시작했다. 이들은 산으로 들어가 파르티잔이 되었다.

프리모 레비 불과 몇 주 만에 우리는 지난 20년보

•   앞의 책, 58쪽.
••   무솔리니를 부르는 별칭. '지도자'라는 뜻(옮긴이).

다 훨씬 더 성장했다. 파시즘에 굴복하지 않았던 남자들이 어둠의 그늘에서 모습을 드러냈다. 변호사, 교수, 노동자가 그 면면이다. 우리는 그들에게서 그때까지 헛되게 성경, 화학, 산악에서 찾았던 가르침을 베푸는 스승을 발견했다. (…) 그들은 우리에게 비웃음이나 흘리며 두고 보자는 태도는 턱없이 부족하다고 말했다. 저항은 올바른 때 목표를 정확히 타격할 수 있도록 정밀하게 조준해야만 한다. (…) 선생님들의 말을 귀담아들은 우리는 채비를 갖추고, 가슴에 희망보다는 정말 해낼 수 있을까 하는 의구심을 더 품고, 패망하고 분단된 조국을 뒤로하며 실제 우리 힘이 얼마나 될지 측정하고자 길을 떠났다. 우리는 저마다 자신의 운명을 따라 각자 다른 계곡으로 들어갔다.•

•   프리모 레비, 『주기율표』, 139쪽부터.

말로 담아내기 어려운 이야기

레비가 여전히 내면의 망명, 곧 조국 안에서 파시즘에 맞서 싸울 길을 찾은 반면, 아메리는 이미 오래전부터 외국에서 망명하며 온갖 어려움과 싸웠다. 그는 1938년 겨울에 빈을 떠나 정처 없이 떠돌며 쾰른을 거쳐 안트베르펜까지 이르는 고난의 길을 걸었다.

사샤 포이허르트 나는 두 사람이 수용소로 끌려가기 전 겪은 경험의 공통점은 저마다 굳건함을 잃지 않고 의연하게 사회로부터 당하는 따돌림을 견뎠다는 사실이라고 믿는다. 그러나 두 사람의 망명은 안과 밖이라는 차이점 외에도 근본적으로 다르다. 레비는 고향에 남았다. 모국어를 계속 쓸 수 있었으며 여전히 이탈리아 국민이었고, 공부를 계속해 1941년 박사학위까지 취득했다. 아메리는 사회로부터 말 그대로 뱉어냄을 당했다. 레비는 직업을 얻어 일할 수 있었던 반면, 아메리는 벨기에에서 가구 배달과 아이들 공부 돌봐주는 일로 연명했다. 아내는

가게의 점원으로 일했다. 부부는 구호단체의 지원에
의존해야만 했다. 그리고 아메리는 이미 1940년에
프랑스 남부의 귀르Gurs 수용소에 끌려갔다.

이런 차이로 두 사람이 겪은 운명은 근본부터 달랐
다. 이렇게 볼 때 안의 망명과 바깥의 망명은 서로
비교될 수 있는 것이 아니다. 설혹 비교한다고 해도
그 조건은 매우 제한적이다.

벨기에 국경을 향해 달리는 기차 안에서 한스 마이어는 마
침내 망명 작가 하인리히 만Heinrich Mann의 호소, '떨쳐 일어
나라, 독일인이여. 이제 때가 왔다'에 응답할 독일 국민은 없
다는 사실을 분명히 깨달았다. 국가사회주의는 독일이 든든
한 닻을 내린 현실, 더는 움직일 수 없는 현실로 보였다. '하
일 히틀러Heil Hitler'는 독일에서 더는 투쟁 구호가 아니었으며
일상적으로 주고받는 인사말이 되었다.

당시 20대 중반의 마이어는 쾰른에 도착해 이제 개인으로
서 자신의 운명은 더 어떻게 해볼 길이 없음을 확실히 느꼈

다. 그는 '오도 가도 못하는 대중'의 숙명, 실체를 부정당한 추상적 존재인 유대인 난민의 숙명을 공유할 수밖에 없었다.[•] 난민은 파시즘에 항거하는 지하조직 운동원의 안내를 받아 벨기에 국경을 넘었다.

> **장 아메리** 나는 작가도, 지성인도 아니다. 나는 이름도, 출신도, 가족도, 과거도 없기에 확실히 미래도 없다. 나는 누구인가? 나는 불법으로 국경을 넘는 난민이다. 수천 명 가운데 한 명이다.[••]

안트베르펜에서 난민은 오로지 현장의 유대인 공동체가 베푸는 도움으로만 연명했다. 이제 마이어의 주변은 온통 유대인이었다. 이들은 비록 강제된 것이기는 하지만 자신이 유대인이라는 생각만 곱씹었다. 난민의 숙식을 돕기 위해 특히 분

• 다음 자료를 참조할 것. 장 아메리, 『밀려나고 추방당하다』, 800쪽.
•• 위의 책, 801쪽.

투한 쪽은 이른바 '동쪽 유대인'이다. 주로 폴란드와 러시아 출신의 이들은 벨기에로 넘어와 거주한 지 고작 10~20년밖에 되지 않아 생활 기반이 불안정했음에도 동포를 위해 아낌없이 베풀었다.

마이어는 이들에게 평소 품었던 선입견을 이내 깨끗이 이겨냈다. 피난과 곤궁함에도 이들은 똘똘 뭉쳐 새롭게 도착하는 난민을 운명 공동체로 기꺼이 받아들였다. 하지만 "플랑드르 분위기로 덧칠된 이디시어를 쓰는 문화"*와 유럽 중부에서 고향을 잃고 넘어온 유대인의 풍속 사이에는 분명 쉽게 넘을 수 없는 간극이 존재했다. 벨기에 국민은 난민에겐 아예 상관하고 싶어 하지 않았다.

어쨌거나 '고향'이라 부를 수 있는 모든 것과 영원히 연이 끊어진 느낌에 마이어는 착잡하기만 했다. 거의 모든 사람이 전쟁을 두려워했지만 실향민 마이어는 전쟁을 원했다. 그는 군인으로 참전했으면 하는 바람으로 여러 위원회의 문을 두

---

* 다음 자료를 참조할 것. 앞의 책, 804쪽.

말로 담아내기 어려운 이야기

드렸다. 대항할 힘이야말로 그가 이 시기에 갈망한 유일한 것이었다.

> **장 아메리** 전쟁은 히틀러를 없앨 유일한 기회다. 이 기회를 잡으려면 전쟁의 현장에 있어야 한다. 이 기회를 잡고자 누군가 방금 카불로 떠났다. 함께 갈 수 없어 심히 안타깝다. 증오와 폭력의 제국을 증오와 폭력으로 무너뜨리려는 사람들과 함께할 수 없다면 대체 어떻게 계속 살 수 있을까? (…) 나는 소비에트든, 영국이든, 오스트리아제국이든 어느 깃발 아래서라도 참전하고 싶다.•

하지만 영웅을 꿈꾼 마이어의 바람은 수포가 되었다. 오히려 그는 전쟁의 발발과 함께 적대국인 독일인으로 오인되어 체포당했고 프랑스 남부의 수용소로 끌려갔다. 레기네는 브

• 앞의 책, 808쪽.

뤼셀로 간신히 도피했다. 벨기에는 나치스 군대에 점령당했으며, 프랑스도 더는 버티지 못하고 무기를 내려놓았다.

　마이어는 반유대주의에 따른 프랑스 국민의 증오가 그들의 피상적인 반反 독일 정서보다 훨씬 더 뿌리가 깊음을 확인했다. '너는 유대인이다'라는 낙인은 독일뿐만 아니라 프랑스도 거침없이 찍어댔다. 『밀려나고 추방당하다』에서 아메리는 앞다퉈 나치스에 부역하려는 프랑스인을 보란 듯이 조롱한다.

　장 아메리 총통 히틀러가 우리에게 손을 내밀었다. 이런 손길을 받아주지 않는다면 죄를 짓는 것과 다르지 않다. 독일의 휴전위원회는 (…) '진짜' 독일인을 골라내 조국을 위해 헌신한 순교자로 꾸미고자 데려갔다. 남은 우리 난민은 (…) 받아들일 수 없는 이민족이라며 수용소로, 피레네의 귀르로 보냈다.*

---

*　앞의 책, 812쪽.

수용소에서 마이어는 8개월을 버텼다. 생활은 이루 말할 수 없이 곤궁하고 비참했지만 그래도 귀르는 베르겐벨젠이나 다하우처럼 강제수용소는 아니었다. 아메리는 1960년대에 당시를 회고하며, 비시Vichy 정권의 기동 헌병대Garde Mobile 대원은 오스트리아 파시즘의 앞잡이와 마찬가지로 '아마추어적인 야수성'만 보였을 뿐, 나치스 친위대처럼 '재치를 부릴 정도의 잔혹함'은 결코 구사할 줄 몰랐다고 썼다.* 더욱이 수용소의 경비는 매우 허술했다. 탈출을 감행한 마이어는 프랑스를 가로지르는 고난의 길을 걸으며 나치스에 점령당한 벨기에로 되돌아갔다. 오로지 사랑하는 레기네를 찾으려는 일념으로.

마침내 저항의 시간이 되었다. 마이어는 오스트리아 자유전선Österreichische Freiheitsfront에 가담했다. 벨기에 레지스탕스에 속하는 이 작은 지하운동 그룹은 공산주의 색채가 짙었다. 대원들은 나치에 반대하는 선전 자료를 배포해 전쟁에 회의감을 품은 독일 병사들에게 히틀러는 미쳤다고 설득하려

---

* 다음 자료를 참조할 것. 앞의 책, 812쪽.

들었다. 참으로 순진하고 무력하며 졸렬하기 짝이 없는 투쟁 방식이었다고 아메리는 회고한다. [*] 1943년 7월 23일 마이어 는 불굴의 여성 투사 마리안네 브란트Marianne Brandt와 함께 게슈타포에 체포당했다.

> **장 아메리** 레지스탕스는 (…) 유대인이라고 손가락
> 질받는 것에서 벗어나고자 하는 (…) 나의 무의식
> 적인 마지막 시도였다. 유대인은 오로지 유대인이
> 라는 이유 하나만으로 내몰리고 쫓기며 체포당해
> 끌려가야만 했다. 지금 되돌아보면 나는 유대인이
> 아니라 저항 투사로 붙들리고 싶었다. 이는 집단으
> 로 싸잡아 당해야만 하는 운명을 피하고 싶은 시
> 도, 절박한 심정으로 매달린, 사실 말이 되지 않는
> 시도였다. [**]

- 다음 자료를 참조할 것. 장 아메리, 『죄와 속죄의 저편』, 59쪽부터.
- 장 아메리, 『나의 유대 민족』, 41쪽부터.

말로 담아내기 어려운 이야기

그러나 집단의 운명은 무서운 기세로 그를 집어삼키려 했다. 저항 투사를 자처한 아메리는 혹독한 고문에 시달렸다. 그저 손가락질받은 게 아니라 '알짜 유대인'으로서 아우슈비츠로 끌려갔다.

* * *

장 아메리보다 5개월 뒤에, 당시 24세였던 프리모 레비는 살로 군인에게 붙잡혔다. 레비 역시 전쟁이 끝나고 난 뒤에 짧았던 파르티잔 시절을 두고 그런 아마추어도 없었다며 회상했다. 물론 투쟁 덕분에 자신과 동료는 각성하기는 했다고 한다. 이는 곧 조국 안에서 망명의 설움을 곱씹기만 하던 '내적 망명'이 납처럼 찍어누르던 중압감을 투쟁 덕에 이겨낼 수 있었다는 말이다. 새롭게 만난 스승, 늙은 파시즘 저항운동가의 가르침을 따라 레비와 동료들은 산으로 들어갔다. 물론 폭탄을 만드는 법, 무기 다루는 법과 발각되지 않고 숨어 지내는 요령은 누구도 가르쳐주지 않았다.

프리모 레비 우리는 온몸이 얼고 굶주렸다. 아마도 피에몬테 전체에서 가장 대책 없는 파르티잔, 순진하기 짝이 없는 파르티잔이었으리라. 눈 아래로 1미터는 파고 들어가 움막을 만들었기에 우리는 안전하다고 믿었다. 하지만 누군가 우리를 밀고했다. 1943년 12월 12일 새벽에 깨어난 우리는 공화국 군대에 포위당해 있었다. 그들은 300여 명이었고 우리는 11명이었다. 가진 것이라야 총알이 없는 기관단총 한 자루와 몇 자루의 권총뿐이었다.•

막사로 끌려간 레비는 취조당했다. 평소 레비는 취조 시 파르티잔이라고 했다가는 곧바로 총살당한다는 이야기를 들었던 터라 파르티잔은 아니고 유대인이라고 밝혔다. 이내 그는 카르피의 포솔리Fossoli 수용소로 끌려갔다. 한편으로는 더는 견디기 힘든 피로감에, 다른 한편으로는 유대인임을 숨기고

• 　프리모 레비, 『주기율표』, 140쪽부터.

싶지 않다는 자존심에 그는 세상이 경멸하는 자신의 혈통을 밝혔다. 그는 곧바로 나치스 친위대에 넘겨졌고 카프리에서 아우슈비츠로 이송되었다.

제 2 부

이미 내 몸은 더는 내 것이 아니었다.

배가 부풀어 올랐고,

팔다리는 말라비틀어졌으며,

얼굴은 아침에 부었다가 저녁이면 푹 꺼져 퀭해 보였다.

한스 마이어는 앞으로 겪을 일이 무엇인지 알았다. 그는 관련 보도를 많이 읽어서 내용을 익히 꿰고 있었다. 지하실에서 게슈타포의 고문관이 무슨 짓을 벌이든 그는 꿈쩍도 하지 않으리라 다짐했다. 레지스탕스에 가담하면서 위험은 이미 각오했던 터였다. 감방, 취조, 구타, 고문 그리고 마지막에는 죽음이 기다리리라. 그는 자신이 맞이할 운명을 예감했으며 주어진 그대로 받아들일 각오를 다졌다.

그러나 곧 그는 듣거나 읽은 것과 실제 체험하는 것은 전혀 다르다는 사실을 깨달았다. 게슈타포 사령부의 정문, 지나다니며 눈여겨봤기에 익히 안다고 믿었던 정문은 포로로 문

턱을 넘어설 때는 완전히 다른 위용을 자랑했다. 상상 속에서 그려봤던 고문과 몸이 실제로 겪는 고문은 견줄 수 있는 게 절대로 아니었다. 고문으로 몸이 망가져본 사람에게 '악의 평범성Banalität des Bösen' 운운하는 말은 성립할 수 없다.• 마이어는 취조의 칼날로 난자당했다. 그는 칼날을 피해 숨을 곳이라고는 알지 못했으며, 다른 방에서 고문당하는 동료는 이름은커녕 번호로만 알았다.

장 아메리 하지만 그런 이야기는 하지 않는 게 좋다. 남자들은 무용담이랍시고 내가 어떻게 당한 줄 아냐고 신이 나서 떠드니까. 그런 이야기는 비웃음만 살 뿐이다. 갑자기 나는 번쩍하는 것을 느꼈다. 첫 주먹이다. (…) 첫 타격은 정신이 번쩍 들게 한다.

• '악의 평범성'은 여성 정치철학자 한나 아렌트Hannah Arendt가 만들어낸 개념이다. 나치스의 악행이 빚어진 원인을 아돌프 아이히만Adolf Eichmann 의 사례를 분석해 그저 먹고살기 위해 상부의 명령에 따르는 개인의 진부한 일상성에서 찾은 것이 '악의 평범성'이다(옮긴이).

수감자는 그 어떤 도움도 기대할 수 없는 자신의 무력함을 의식한다. 첫 타격은 나중에 벌어질 모든 것의 신호탄이다. 짐작할 수 있는 것이라고는 감방에서 벌어지는 고문과 죽음뿐이다. 물론 고문과 죽음의 앎이 가지는 생명의 색은 무엇인지 전혀 알지 못한다. 고문과 죽음은 첫 주먹으로 현실적인 가능성이 되어 고개를 들며, 확실한 예고편을 미리 맛보게 한다. 얼굴을 주먹으로 때리는 것이야 그럭저럭 견딜 수 있다. 다만 맞는 순간 숨이 턱 막히게 놀라면서 피해자는 먹먹한 확신을 품는다. 이들은 내게 무슨 짓이든 할 수 있구나. 저 바깥에서는 아무도 모른다. 내 편에 서줄 사람은 아무도 없다.•

장 아메리는 고문 현장을 나치 정권을 섬기는 '신당神堂'이라고 일갈한다. 물론 어떤 색깔이든 불의한 정권이라면 어디

•   장 아메리, 『죄와 속죄의 저편』, 63~65쪽.

서나 고문을 자행한다고 아메리는 1960년대에 썼다. 나치스는 비록 고문을 직접 발명해내진 않았지만 가학적인 괴롭힘을 철칙으로 여긴 정권이라면서.

다른 테러 정권의 하수인과 마찬가지로 게슈타포 역시 중요한 정보를 캐내려 고문한다. 그러나 동시에 나치스의 앞잡이는 "다른 사람에게 아픔을 안기는 것에서 우쭐한 기분"을 맛보려 고문한다.* 이들은 고문을 도구로 쓰지만 오히려 고문의 도구가 된다고, 치욕의 아픔을 견뎌내고 살아남은 사람은 증언한다. 실제로 고문을 시작하기 전에 레지스탕스 투사는 언제나 먼저 주먹으로 맞았다.

'경찰 주먹'의 첫 일격만으로 이미 세계를 향한 신뢰는 뿌리째 무너진다고 장 아메리는 1965년에 쓴 『고문Die Tortur』에서 술회한다.** 주먹질 자체야 격분을 일으키지만 잠깐 지나면 그런대로 참을 만하다. 예전에 마이어는 대학교 캠퍼스에

- 　다음 자료를 참조할 것. 앞의 책, 70쪽.
- ••　다음 자료를 참조할 것. 앞의 책, 67쪽.

　　　　　　　　　　　　　　　말로 담아내기 어려운 이야기

서 갈색 셔츠의 남자들과 주먹다짐을 벌였고, 그때 부러진 치아를 훈장처럼 여기지 않았던가. 그러나 반격할 수 없는 주먹질은 상대를 거침없이 짓밟는 권력, 휴머니즘의 세계를 떠받드는 근본적인 신뢰를 산산조각 내는 권력이다…….

> **장 아메리** (…) 성문화했든, 불문율이든 사회적 합의를 바탕으로 상대방이 나를 존중한다는 것은 좀 더 정확히 말하면 내 몸 상태는 물론이고 내가 무슨 생각을 하고 무엇을 느끼는지 존중한다는 뜻이다. 내 몸의 한계는 곧 나라는 자아의 한계다. 나를 바깥 세상과 구분하는 것은 내 피부 표면이다. 내가 바깥 세상을 신뢰할지 말지, 무엇을 느낄지 나는 피부에 전해지는 자극으로 결정한다.[*]

한스 마이어라는 이름으로 겪어야만 했던 고문을 두고 아

---

[*]   앞의 책, 66쪽.

메리는 고통받는 몸의 기본적인 감각을 묘사한다. 무어라 말로 표현하기 힘든 것을 언어로 잡아내려 분투하며 그는 이 글을 읽을 독자들에게 그저 겉핥기식의 싸구려 공감을 조심하라고 경고한다. 그러면서 동시에 고문이 당사자의 몸과 마음에 실제 어떤 아픔을 안기는지 전달해주려 노력한다. 비록 이 아픔이 '어떻게' 생겨나는지 설명할 수는 없다고 할지라도, 아메리는 이 아픔이 고문당한 당사자에게 장기적으로 '무슨 피해'를 끼치는지 증언하려 안간힘을 쓴다.

자신이 주관적으로 체험한 아픔으로 아메리는 객관적 진실을 캐낼 수 있기를 희망한다. 다시 말해서 고문당한 피해자의 '생활세계Lebenswelt'•를 있는 그대로 묘사하는 것이 객관적 진실이다. 현상학은 홀로코스트를 겪은 희생자를 사로잡는 생각이 무엇인지 기록할 수 있게 해주는 철학이다. 에드문트 후설이 창시한 이 철학은 개인의 주관적인 경험을 출발점

• '생활세계'는 학문 이론으로 파악하기 이전의 인간 세계, 생명력이 살아 숨쉬는 구체적 세계를 뜻한다. 에드문트 후설Edmund Husserl이 현상학에서 쓴 개념으로 현대의 사회철학에 큰 영향을 미쳤다(옮긴이).

으로 삼아 인간 일반의 현존재現存在 구조를 밝혀주는 보편 지식을 추구한다. 개인의 개별적 경험을 되도록 고려하지 않는 추상적 이론을 아메리는 인식론으로든, 정치적으로든 신뢰하지 않았다.

아우슈비츠에서 생환하고 난 뒤 아메리는 제2차 세계대전 이후 프랑스 철학을 대표한 장 폴 사르트르를 정신적 스승으로 꼽기는 했다. 하지만 세상을 이해하고자 하는 고뇌에서 사르트르의 동료인 모리스 메를로퐁티Maurice Merleau-Ponty 역시 중요한 인물로 꼽았다.[•] 메를로퐁티는 '세계를 향해 있음Zur-Welt-Sein'이야말로 인간의 특징이라고 규정한다. 인간은 몸을 가졌기에 자신을 세상에 던질 수 있는 주체다.[••]

[•] 다음 자료를 참조할 것. 마리아 라스만Maria Lassmann, 「몸의 한계, 언어의 한계: 장 아메리와 모리스 메를로퐁티의 현상학Die Grenzen des Körpers, die Grenzen der Sprache. Jean Améry und Maurice Merleau-Pontys Phänomenologie」, 이레네 하이델베르거레오나르트·이르멜라 폰 데어 뤼에Irmela von der Lühe, 『시대에 앞서: 장 아메리—미래의 고전?Seiner Zeit voraus. Jean Améry - ein Klassiker der Zukunft?』, 괴팅겐, 2009, 91~102쪽.

[••] 다음 자료를 참조할 것. 모리스 메를로퐁티, 『지각의 현상학Phänomenologie der Wahrnehmung』, 베를린, 1966, 32~88쪽.

내가 나의 손바닥을 만질 때 나는 느끼는 주체인 동시에 느낌의 대상이다. 인간의 몸은 물건 그 이상의 것이다. 몸은 인간이 세계와 상호작용해 경험을 쌓을 수 있게 해주는 매개체다. 인간은 몸을 가진 덕에 세계와 더불어 호흡한다. 그러나 몸의 생명력은 일상에서 주목받지 못하고 잊히기 일쑤다. 한창 놀기 바쁜 어린아이는 몸을 갖지 않는다. 아니, 아이가 바로 몸이다. 자신이 몸을 가졌다는 사실을 아이는 온통 몸과 마음을 다 뺏긴 놀이가 방해받을 때만 자각한다. 이를테면 발걸음이 꼬여 넘어졌을 때 아이는 울면서 몸이 아프다는 걸 깨닫는다.

오늘날에도 단순한 물질 이상의 특성을 가진 몸을 설명하는 연구는 많다. 정신병리학의 현상학을 연구한 하이델베르크 철학자 토마스 푹스Thomas Fuchs는 심각한 우울증이 야기하는 아픔은 몸과 고스란히 '일체가 되어 나타난다'고 설명한다. 우울증 환자는 뜻대로 몸을 움직이기가 매우 어렵다.

---

* 다음 자료를 참조할 것. 토마스 푹스, 『몸과 공간의 현상학: 우울증과 편집

다시 말해 마음과 몸이 따로 놀면서 그때껏 의식하지 못했던 몸은 대단히 불편한 물건이 된다. 생기를 잃은 몸은 그 몸의 주인이 예전처럼 왕성한 호기심으로 세계를 탐닉하지 못하게 만든다.

이처럼 몸과 마음의 연결 고리를 잃는 경험을 한 인간은 생명이라고는 없는 물질, 말 그대로 물건이 되어버린다. 이제 인간은 몸으로 모험에 도전할 수 없으며 그저 물건인 상태로 남는다. 세계와 이어주는 접점 구실을 하던 몸은 이제 오로지 고통의 원천에 지나지 않는다.

우울증과 고문 후유증은 현상학적으로 볼 때 매우 유사하다. 장 아메리는 늙어감 역시 '내면의 고문'으로 분석한다. 정신적 존재인 인간은 늙음이라는 피할 수 없는 숙명의 한계 상황을 겪으며 말 그대로 '고깃덩어리'가 된다. 고문의 순간

증의 현상학적·경험적 연구Phänomenologie von Leib und Raum. Phänomeno logisch-empirische Untersuchungen zu depressiven und paranoiden Erkrankungen』, 하이델베르크, 2000, 102쪽. 다음 자료도 참조할 것. 야니스 폴만Jannis Puhlmann, 『우울증과 생활세계: 현상학 연구Depression und Lebenswelt. Eine phäno menologische Untersuchung』, 베를린, 2019, 76쪽.

그리고 이후로도 오랫동안 인간은 오로지 아프기만 한 고깃덩어리다.

『죄와 속죄의 저편』은 고문의 아픔에 압도당한 피해자가 자신의 몸을 어떻게 느끼는지 묘사한다. 마이어는 브렌동크Breendonk 수용소의 고문실에서 첫 취조 이후 당한 고문의 혹독함에 얼을 잃었다.

장 아메리 벙커의 아치형 천장에는 도르래에 감긴 쇠사슬이 늘어졌으며, 그 끝에는 묵직한 쇠갈고리가 달렸다. 그들은 나를 쇠사슬로 데려갔다. 그리고 갈고리에 등 뒤로 돌린 내 손을 채운 수갑을 걸었다. 쇠사슬을 감자 나는 바닥에서 1미터 정도의 높이에 떠올랐다. 등 뒤로 돌린 손을 묶은 그런 자세 또는 매달림은 순식간에 근육을 긴장시키는 통에 몸이 비스듬하게 기울어진다. 단 몇 분 만에 힘은 바닥이 나며 이마와 입술은 땀으로 범벅이 되고 숨이 차서 헐떡이는 통에 그 어떤 물음에도 답을 할 수 없다.

말로 담아내기 어려운 이야기

공범의 이름은? 주소는? 어디서 어떻게 접선하기로 했나? 숨을 쉴 수 없는데 무슨 답을 할까. 몸의 유일한 부분, 곧 어깨 관절에 모든 힘이 쏠린 탓에 아무 생각도 할 수 없는 머리는 혼미하기만 하다. 몸이 잘 단련된 사람이라 할지라도 오래 버틸 수 없다. 나는 아주 빠르게 탈진했다. 그때 내 어깨에서 우지끈하며 부러지는 소리가 났다. 지금 이 글을 쓰는 순간까지도 그 소리가 생생하게 기억난다. 마치 달궈진 프라이팬에 총알을 볶는 것만 같은 소리였다.

몸무게를 견디다 못한 어깨가 탈구되는 바람에 나는 허공에 대롱대롱 매달려 팔이 묶인 탓에 곤두박질치는 것처럼 몸이 돌았다. '고문Tortur'이라는 단어는 라틴어 '토르케레torquere'에서 온 것으로, 본래 뜻은 '탈구'다. 어원론을 이보다 더 확실하게 두 눈으로 볼 수 있게 해주는 수업이 또 있을까? 바로 그때 몽둥이가 날아들어 철썩거리며 내 다리를 때렸다. 1943년 7월 23일이었던 그 여름날 내가 입었던 얇은 여름 바지는 몽둥이질에 찢어지고 말았다.

당시 내가 당한 아픔을 묘사한다는 것은 제대로 된 이성을 가진 사람이라면 생각할 수 없는 노릇이다. '내 어깨에서 달궈진 것처럼 이글거리던 쇳덩이'의 느낌은 '내 뒷덜미를 강타한 둔중한 각목'이었을까? 하나의 비유는 다른 비유를 부를 뿐이며, 이로써 우리는 끝없이 이어지는 비유의 회전목마에 올라타 정신이 혼미해질 정도로 우롱당할 따름이다.

아픔은 아픔이었다. 무어라 덧붙일 말은 없다. 아픔이 불러일으키는 감정은 비유할 수 없으며 묘사할 수 없다. 감정은 언어의 전달 능력이 얼마나 초라한지 보여줄 뿐이다. 자신이 겪는 몸의 아픔을 말로 전하며 나누고자 하는 사람은 상대에게 아픔을 안겨주며 스스로 고문관이 되고 만다. 이처럼 아픔을 전달하는 것은 언어적 소통의 한계를 벗어나는 일이다. 하지만 나는 아픔이 무엇인지 근접하게 말해줄 수는 있다.

아픔에는 우리가 앞서 경찰의 주먹질에서 확인한 모든 요소가 있다. 경찰의 폭행은 타인이 나라는 인격체의 경계를 해치는, 돌이킬 수 없는 훼손이다. 경찰에게 얻어맞는 통에 그 어떤 도움도 기대할 수 없는 나는 무력감에 사로잡힌다. 방어하겠다고 맞주먹질을 할 수 있는 상황도 아니다.

고문도 마찬가지기는 하지만 훨씬 더 심각하다. 고문받으며 아픔에 압도당하는 사람은 내 몸이 이런 것이로구나 절절히 느낀다. 고문이 아니면 이런 느낌은 절대 알 수 없다. (…) 고문으로 인간은 완벽하게 고깃덩어리가 된다. 아픔으로 울부짖으며 무너져내리지만 그 어떤 도움도 기대할 수 없으며 정당방어는 꿈도 꿀 수 없다. 이 무력한 고문 피해자는 오로지 몸일 뿐 아무것도 아니다.*

•   장 아메리, 『죄와 속죄의 저편』, 72~74쪽.

마이어는 감방의 바닥에 축 늘어졌다. 아픔은 의식을 잃게 했다. 게슈타포 백정은 그를 철저히 짓밟았다. 마이어는 정보를 주었다. 어쩔 수 없이 그냥 지어낸 가짜 정보를.

오래가지 않아 고깃덩어리는 깨어났다. '인간 비슷한 상태'이기는 하지만 어디까지나 고깃덩어리다. 정신이 돌아온다고 할지라도 예전과 같은 '일체화'는 회복될 수 없다. 고문이 타인과의 관계, 주변과의 관계 그리고 자기 자신과의 관계를 사정없이 뒤흔들어놓았기 때문이다.

타인을 고문으로 괴롭히며 독재자로 군림하는 사람은 생명이 깃들 안식처를 짓밟는다. 잔혹하게 고깃덩어리가 되어버린 주체의 생활세계는 두려움과 불신으로 얼룩진다. 관계를 갈망하며 세계를 향해 자신을 던지는 인간의 몸은 존재하지 않는다. 이제 주체에게 세계는 언제라도 절대적인 지옥이 될 수 있는 곳, 아직은 아닐지라도 언제라도 돌변할 잠재적 지옥이다.

장 아메리 일단 끝났다. 그리고 여전히 끝나지 않았다. 22년이라는 세월이 흘렀음에도 나는 아직도 빠져버린 어깨를 축 늘어뜨린 채 바닥에 쓰러져 숨을 헐떡이며 왜 그랬는지 여전히 영문을 알지 못하는 나 자신을 자책한다. (…) 고문의 경험에서 악몽이라 부를 끔찍함을 넘어서는 어떤 깨달음이 있다면, 그것은 세상은 정말 알 수 없는 낯선 곳이로구나 하는 놀라움, 나중에 그 어떤 인간적 소통으로도 상쇄되지 않는 절망감이다. 고문당한 사람은 이 세상의 타인이 절대적인 지배자가 될 수 있음을 경악하며 체험한다. (…) 고문으로 거침없이 자신을 짓밟는 타인을 보는 경악, 나 자신은 무기력하게 고깃덩어리와 죽음이 될 수밖에 없다는 경악은 그저 무력한 한숨만 쏟아낸다. (…)

고문 도구를 능숙하게 다룰 줄 아는 손은 가벼운 놀림만으로도 타인을, 아마도 칸트와 헤겔과 아홉 개의 교향곡 그리고 의지와 표상으로서의 세계를 머릿속에 담고 있을 상대를 날카로운 비명을 지르듯 꽥꽥거리는 도살장의 돼지로 만들 수 있다. (…)

고문당한 사람은 자신의 취향에 따라 영혼 또는 정신 또는 의식 혹은 정체성이라 부르는 것이 이처럼 간단하게 파괴될 수 있음에 놀란 입을 다물지 못한다. 어깨 관절이 부서져 갈리는 소리에 인생이 이처럼 섬약한 것임을 속절없이 확인한다. 인생이 섬약하다는 진리야 평소에 익히 알던, 하나 마나 한 진부한 소리다. 셰익스피어가 표현했듯 '그저 바늘 하나로' 터져버릴 수 있는 게 인생이다. 그러나 살아 숨 쉬는 인간이 이처럼 간단하게 고깃덩어리로 돌변해 죽음이라는 맹수의 먹잇감으로 던져질 수 있음은 고문을 통해 처음 깨닫는, 몸서리치게 만드는 진리다.

고문에 굴복해서 쓰러진 사람은 이 세계에서 더는 마음의 평안을 누릴 수 없다. 철저히 파괴당했다는 치욕은 어떻게 해도 지워지지 않는다. 일부는 첫 주먹질에 그리고 결국에는 고문에 굴복해서, 아무리 풍파에 시달릴지라도 세상이 좋은 곳이라는 믿음은 완전히 무너져버린다. 이렇게 무너진 신뢰는 회복되지 않는다. 세상을 더불어 호흡하던 이웃이 나를 짓누르는 고문관이 되었다는 충격은 고문당한 사람의 가슴에 쌓여 속을 문드러지게 만든다. 이제는 세상을 바라볼 수 없다. 희망이라는 원칙이 떠받들어주던 세상은 무너져버렸다. 고문당한 사람은 무방비로 두려움에 휩쓸린다.[*]

브렌동크의 게슈타포는 한스 마이어를 고깃덩어리로 만들면서도 너는 개인이라고 윽박지르며 고문했다. 그의 서류 파일에 붙은 제목은 '국방력 파괴 분자'였다. 게슈타포는 마이어를 고깃덩어리 취급을 하면서 한사코 레지스탕스 투사라고 불렀다. 구체적으로 이 투사는 나치스 정권의 엔진에 뿌려진 모래알이었다. 그러나 그가 '유대인'으로 분류되었음이 밝혀지자 돌연 정치 선동에 아무 쓸모가 없다고 게슈타포는 판단했다. 투사인 줄 알았더니 유대인 개다. 고문관은 그를 고문

---

[*]   앞의 책, 79~85쪽.

할 흥미를 잃고 말았다고 아메리는 1978년에 썼다. 이들은 마이어를 배설물 더미에 던져버리고 아우슈비츠로 끌려갈 '쓰레기 운명'으로 분류했다.[*]

'고문'이라는 제목의 글은 『죄와 속죄의 저편』에서 아메리가 나치에게 희생된 사람 일반이 겪어야만 했던 독특한 상황을 다룬 유일한 증언이다. 책에 수록된 다른 글들은 나치스 정권에서 유대인 피해자가 당한 특수한 상황을 다룬다. 헝가리 태생의 홀로코스트 생존자인 작가 임레 케르테스 Imre Kertész는 개인에게서 모든 주체성을 솎아버리는 극단적인 비인간화, 곧 존엄성의 박탈을 두고 '운명을 잃음'이라고 표현했다.[**]

더 나은 운명을 개척하기는커녕 주어진 운명조차 잃어버리는 이런 비인간적인 수모를 한스 마이어는 아우슈비츠 수용

---

[*] 다음 자료를 참조할 것. 장 아메리, 『나의 유대 민족』, 42쪽.

[**] 다음 자료를 참조할 것. 임레 케르테스, 『운명을 잃은 사람의 이야기Roman eines Schicksallosen』(헝가리어 원제: Sorstalanság), 크리스티나 비라흐 Christina Viragh 옮김, 함부르크, 2006[이 책은 국내에 『운명』이라는 도서로 번역되었다(옮긴이)].

소에서 온몸으로 감당해야만 했다. 수용소에서 그는 죽음을 기다리는 숫자, 이름마저 솎아냄을 당하고 그저 수감번호로만 남은, 인간의 세계에서 완전히 걸러진 물건이었다. 이런 물건이 무슨 투사인가. 투사라면, 인간적 존엄을 지키려는 투사라면 고문일지라도 이름은 빼앗지 말아야 하지 않는가.

1944년 1월 17일 한스 마이어는 수송 열차에 실려 강제수용소 아우슈비츠에 도착했다. 함께 실려 온 655명 가운데 417명은 도착 직후 살인 공장 비르켄아우Birkenau에서 독가스로 살해당했다. 마이어는 '노동으로 파괴하라Vernichtung durch Arbeit'는 즉결 처분으로 '172364'라는 번호를 부여받고 노동 수용소 모노비츠Monowitz에 배치되었다. 이곳은 아우슈비츠의 본부 막사와 살인 공장에 이어 세 번째로 큰 막사였다.

아메리가 해방되던 해에 썼지만 오랫동안 세상에 알려지지 않은 글『독일 민족의 심리Zur Psychologie des Deutschen Volkes』에서는 수용소에 도착하던 순간이 상세히 묘사되어 있다. '0시Stunde Null, Zero Hour'라 불린 이 시기에 그는 '독일인'을 교화할 수 있다고 믿었다. 물론 나중에 이런 희망은 내동댕이쳐졌다.

그는 독일인에게 가르침을 주어야겠다는 교육적 열망에 당시 상황을 아주 세밀하게 묘사했었다. 그러나 곧 희망을 포기하고 1960년대에는 교육적 관심을 철학 성찰로 대체했다.

장 아메리 1944년 1월, 강제수용소 아우슈비츠. 몇백 명의 유대인 남자와 여자, 아이들을 태운 수송 열차가 도착하자마자 친위대 대원은 이들을 익숙하게 분류했다. 일단 노동력을 가진 남자를 여자와 아이와 노인에게서 떼어냈다. 그리고 남은 사람들에게서 아이를 빼앗았다. 그러자 어떤 여인이 갑자기 머리를 풀어 헤치고 울부짖으며 아이를 돌려달라고 외쳤다. (…)

그녀는 경비대원에게 달려들어 "내 아이는?" 하고 소리를 질렀다. "내 아이는 어떻게 되는 거죠?" "아이를 원하나?" 대원은 더할 수 없이 차분한 목소리로 대답했다. 그는 아주 천천히 아이들 무리로 다가갔다. 허리를 숙인 그는 대략 네 살 정도로 보이는 사내아이의 발을 잡고 높이 들었다. 대원은 몇 차례 아이를 허공에 빙빙 돌린 끝에 그 작은 머리를 쇠기둥에 때려 박살 내버렸다.[*]

* * *

1944년 2월 22일 당시 25세의 프리모 레비는 그가 '깊게 내려가다'라고 부른 행보를 시작했다.[**] 아우슈비츠에서 생환하고 얼마 뒤에 쓴 『이것이 인간인가?』에서 레비는 아무 꾸밈 없이 다큐멘터리 형식으로 자신의 경험을 담아냈다. 증언은 더할 수 없이 냉철함에도 레비는 이 경험을 그림처럼 묘사하려 노력한 흔적을 여실히 보여준다. '깊은 곳', '지옥', '구천', '아무것도 없음'이 그 흔적이다. 아우슈비츠를 비유하는 표현

- 장 아메리, 『독일 민족의 심리』, 이레네 하이델베르거레오나르트·게르하르트 샤이트 공동 편집, 전집 제2권, 슈투트가르트, 2002, 500~534쪽, 인용문은 505쪽.
- 프리모 레비, 『이것이 인간인가?Ist das ein Mensch?』(이탈리아어 원제: Se questo è un uomo), 하인츠 리트Heinz Riedt 옮김, 뮌헨, 2002, 16쪽.

이 실패할지라도, 마지막 순간까지 레비는 수용소의 현실을 언어로 담아내려는 노력을 멈추지 않았다. 평생 여러 문체를 시도한 레비지만, 수용소라는 코스모스를 가장 인상 깊고 세세하게 묘사한 글은 『이것이 인간인가?』이다.

사샤 포이허르트는 프리모 레비와 장 아메리의 차이를 두고 이렇게 썼다.

사샤 포이허르트 나는 레비와 아메리의 차이를 형식 차원에서 살펴보는 것이 최선이라 믿는다. 레비는 자신의 경험을 대단히 문학적이기는 하지만 시기별로 잘 정리된 보고서로 담아낸 반면, 아메리의 글은 자신의 성찰을 보여주는 데 주력한다. 그런 한에서 레비가 들려주는 이야기는 앞뒤가 딱 맞게 완결된 느낌을 준다. 반대로 아메리는 늘 새롭게 성찰을 시도하며 사안의 여러 측면을 두루 살피고 혹시 놓치는 것은 없는지 음미하면서, 자신이 보기에 필요 없는 부분은 과감하게 솎아낸다. 워낙 과감해서 무슨 측면을 어떻게 골라내는지는 여전히 의문으로 남는다.

내용과 관련해서 두 사람의 분명한 차이는 세상을 바라보는 근본적인 관점과 태도다. 레비는 아우슈비츠의 생존자가 겪은 경험이 비록 충격적이기는 할지라도 뭔가 근원적인 것을 배울 수 있게 해준다고 여겼다. 그러나 아메리에게 이 경험은 모든 것을 무너뜨리는 지독한 파괴의 쓸쓸함만 남겼을 따름이다. 타인을 바라보는 근원적인 신뢰, 세상이 이치에 어긋나지 않으리라는 믿음은 산산이 부서졌다. 또한 자신의 지적 능력에 품었던 믿음도 무너졌다. 이루 말할 수 없는 학살의 현장에서 살아남은 이의 영혼은 무참하게 파괴되었다. 이렇게 볼 때 형식과 내용은 레비든, 아메리든 서로 밀접하게 맞물려 있으며, 이들은 다른 대안 없이 그와 같은 형식을 선택할 수밖에 없었음을 알 수 있다.

장 아메리는 아우슈비츠 자체를 다룬 글은 비교적 적게 썼다. 그는 무엇보다도 '믿음이 뿌리째 흔들리는 경험'이란 게 어떤지 보여주는 글을 쓰고 싶었을 따름이다. 천신만고 끝에 살아남은 자의 암울한 기분을 현상학의 방법을 빌려 묘사하고 싶었다. 반면에 프리모 레비는 아우슈비츠가 다시는 되풀이되지 않았으면 하는 바람에서 글을 썼다. 바로 그래서 인간이 인간에게 저지른 일을 아주 세세한 부분까지 놓치지 않고 기술했다. 그는 산업이 인간을 파괴한 것과 더불어 인간으로 사는 것 자체의 파괴도 묘사했다. 레비의 순교를 이야기하려는 사람은 실제 일어난 일을 그린 그림을 그대로 따라 그려야만 한다. 레비는 이 모든 것을 아주 인상적으로 그려냈다. 다른 누구도 따를 수 없는 솜씨로.

포솔리에서 아우슈비츠로 이송되기 전날 밤 레비는 자신이 유대인이라는 사실을 곰곰이 새겨보았다. 지금껏 아무 문제도 아니던 것을 두고 대체 왜 이런 호들갑이 벌어질까. 그러나 이제 그는 자신이 유대인이라는 사실에서 유일한 위안을 느꼈다. 트리폴리 출신의 어떤 신앙심 깊은 가족은 기도와 예배에서 피난처를 구했다. 유대인 가운데 종교를 믿지 않는 다른 사람들까지 그 가족을 에워싸고 그들의 예배와 기도를 지켜보며 서로 하나의 운명으로 연결되어 있다는 깊은 결속을 느꼈다.

> **프리모 레비** 우리는 무리를 이루어 가족의 방문 앞에 서서 그 광경을 지켜보았다. 우리에게는 새롭지만 민족의 영혼에는 아주 오래된 아픔, 고향을 잃고 누천년 동안 이곳저곳 떠돌아야만 하는 절망적인 아픔이 가슴을 먹먹하게 만들었다.[*]

다음 날 아침 출발하라는 명령과 함께 다짜고짜 구타가 시작되었다. 이미 유대인은 인간 취급을 받지 못했다. 친위대의 눈빛과 몸짓 그리고 구타 행위는 이들이 겪을 절멸의 운명을 앞당겨 보여주었다.

---

[*] 앞의 책, 15쪽.

이들은 가축 수송용 화물칸에 욱여넣어졌다. 군인들은 화물칸을 밖에서 꼼꼼하게 빗장을 걸어 잠갔다. 안 그래도 비좁은 화물칸은 그 안에 쌓인 화물로 그야말로 발 디딜 틈조차 없었다. 열차는 나흘을 쉬지도 않고 달렸다. 먹을 것도, 물도 주지 않은 채. 드디어 문이 열렸다. 개가 짖는 것만 같은 독일어 명령은 화물칸의 사람들을 서치라이트가 환하게 밝힌 역 플랫폼으로 내몰았다.

프리모 레비 10분이 채 지나지 않아 쓸모 있어 보이는 남자들이 추려졌다. 다른 사람들, 여자와 아이와 노인이 어떻게 되었는지 우리는 당시나 지금이나 알지 못한다. 밤이 그냥 그들을 집어삼켰다. 하지만 분명히 아는 사실 하나는, 그처럼 신속하고 간단하게 선별이 이뤄지는 동안 우리 한 명 한 명이 너무도 소중하고 애틋했다는 점이다. (…)

에밀리아Emilia는 그렇게 우리 곁을 떠났다. 눈에 넣어도 아프지 않을 예쁜 세 살배기 아기. 독일인들은

말로 담아내기 어려운 이야기

유대인 아이를 죽이는 것이 역사적 사명이라고 주장했다. 에밀리아, 밀라노 출신의 엔지니어 알도 레비Aldo Levi의 딸, 명랑하고 눈매가 총명해 보이던 아기. 아이의 엄마와 아빠는 사람들로 빼곡했던 그 화물칸에서 뜯어낸 철판을 우그려 만든 통에 미지근한 물로 에밀리아를 씻겼다. 변종 독일인으로 보일 정도로 선량한 기관사가 우리 모두를 태우고 죽음을 향해 달리던 기관차의 증기기관에서 따뜻한 물을 받아다 준 덕이다.

그런 식으로 불시에, 순식간에, 우리의 여인과 부모와 아이가 사라졌다. 그들과 작별 인사를 나눌 기회조차 주어지지 않았다. 우리는 역 플랫폼의 반대쪽에서 사라지는 어두운 그림자로 그들의 뒷모습을 보았을 뿐이다. 그것도 잠깐. 그리고 다시는 서로 보지 못했다.[*]

• 앞의 책, 19쪽부터.

이어진 선별 작업은 남자 95명과 여자 29명을 '수감자'로 등록했다. 레비에게는 번호 '174517'이 붙었다. 남은 526명은 비르켄아우에서 독가스의 제물이 되었다. 레비는 인간에서 걸어 다니는 해골로, 개인에서 이름 없는 숫자로 변신해야만 했다. 수감자들은 수도꼭지가 하나 달린 공간에 오와 열을 맞춰 서야만 했다. 이들은 포솔리 이후 목을 축인 적이 한 번도 없었다. 지금도 물은 마실 수 없었다. 물은커녕 입은 옷을 남김없이 벗은 벌거숭이가 되어 시간 감각도 잊은 채 추위에 떨었다. 그런 다음 호스로 뿌려지는 차가운 물을 뒤집어쓰고, 온몸의 털이란 털은 모두 깎였다. 숫자가 피부에 타투로 새겨졌으며, 아무 표식이 없는 말 그대로 익명의 죄수복을 입었다. 이들은 바람이 숭숭 부는 막사에 욱여넣어졌다. 마치 창고에 자재를 쌓듯이.

프리모 레비 몰골이 어떤지 비춰 볼 거울 같은 건 없었지만 두 눈에 다른 누구도 아닌 나 자신의 몰골 이 즐비해 있는 게 보였다. 100여 명의 송장처럼 창

백한 얼굴, 100여 명의 비루하고 꾀죄죄한 꼭두각시 인형이. (…) 그때 불현듯 우리는 깨달았다. 우리의 언어에는 이런 굴욕을 표현할 단어가 없다는 사실을, 인간이 이처럼 참혹하게 파괴당할 수 있다는 사실을. 그 순간 우리 앞에 단 하나의 진실이 베일을 벗고 마치 예언이 실현되듯 모습을 드러냈다. 우리는 인간이 내려갈 수 있는 가장 깊은 곳에 도달했다. (…) 인간이 이보다 더 비참할 수는 없다.*

이 낮은 곳에는 과거가 없다. 물론 미래도 없다. 수용소의 그 누구도 옛날의 향수에 젖지 못했으며 앞으로의 어떤 것에도 희망을 품을 수 없었다.

수용소에는 왜 이런 불행을 당해야 하는지 곱씹을 시간도, 공간도 없었다. 아무리 미약할지라도 남은 힘은 다음 순간을 살아남기 위해 써야만 했다. 굶주림, 추행, 도대체 왜 하는지

---

* 앞의 책, 27쪽부터.

영문을 모르는 노동은 언제라도 집어삼킬 것처럼 그들을 위협했다. 생사를 결정하는 것은 그야말로 종이 한 장 차이다. 노예로 부리기에 알맞지 않은 사람, 더는 일을 감당할 수 없는 사람, 누더기를 입고 영양실조로 피골이 상접한 몸으로 영하의 날씨에도 얼음이 얼어붙은 강철 손수레를 온종일 끌면서 저녁에는 빳빳하게 얼어붙은 몸으로 점호받으려 선 사람 가운데 누가 가스실로 끌려갈지는 아무도 몰랐다.

어느 순간 그 또는 그녀는 비르켄아우의 가스실로 사라졌다. 수용소에서 비교적 오래 버틴 사람은 이런 말을 하곤 했다. 유일한 탈출구는 저 굴뚝이야.

프리모 레비 수용소 생활에서 신발은 결코 무시해서는 안 되는 중요한 것이다. 죽음은 신발에서 시작한다. 우리 대다수에게 신발은 정말이지 냉혹한 고문 도구다. 신발은 몇 시간만 걸어도 발에 상처가 나게 만들어 피할 수 없는 감염을 일으켰다. 발에 상처가 나 곪는 사람은 체중을 가누지 못해 뒤뚱거리

말로 담아내기 어려운 이야기

며 걷는다. (…) 무슨 일을 하든 늘 꼴찌이며 어디서
든 얻어맞는다. 누가 쫓아와도 달아날 수가 없다. 발
은 부풀어 오르고, 그럴수록 나무로 만든 신발 바
닥에 쓸리며 고통은 극심해진다. 결국 남은 방법은
의무실 신세를 지는 것이다. 하지만 상처로 곪은 발
로 의무실을 찾는다는 것은 대단히 위험하다. 그럼
누구나, 특히 친위대 대원은 이 아픔에 시달리는 사
람이 쓸모를 다했다는 것을 알기 때문이다.•

수용소의 인간은 정체성을 잃어버리며, 이로써 시간 의식
마저 상실한다. 예전에 살았던 인생의 기억은 언제 무슨 일을
겪었는지 시간 순서에 따른 윤곽을 잃고 흐릿해진다. 낮과 밤
은 불쑥불쑥 가해지는 테러로 도대체 지금이 언제인지 알 수
없게 찢긴다.

수용소의 규칙은 엄격하기만 한데, 대체 이런 규칙이 왜 필

• 앞의 책, 38쪽.

요한지 알기 힘들지만 저들은 이런 규칙을 정해놓고도 기분 내키는 대로 행동한다. 몸에 걸친 것 외에 천 조각 하나라도 가졌다가는 목숨이 위험하다. 금지되지 않은 것은 없다. 하나라도 어기면 죽음이라는 처벌이 기다린다. 그러나 희한하게도 금지된 것을 어기는 사람만이 살아남는다. 어떤 식으로든 거래하여 빵을 조금이라도 더 얻는 사람은 다음 선별이나 탈진으로 죽지 않을 확률이 높다. 레비는 질문을 하는 게 무의미하거나 외려 더 위험할 수 있음을 빠르게 알아차렸다. 어떤 수감자는 자신의 양철 밥통에 이런 문구를 새겼다. '이해하려 하지 말자.'

> **프리모 레비** 이제 나는 깊은 밑바닥에 처했다. 최악의 상황에서 우리는 과거와 미래를 지워버려야 한다는 사실을 빠르게 깨달았다. 수용소에 끌려온 지도 14일이 지났다. 정말 배가 고프다. 늘 배가 고파 머릿속은 온통 먹을 생각뿐이다. 자유로운 인간은 이런 굶주림을 알지 못한다. 밤에는 먹는 꿈만 꾸며, 몸의

사지는 먹을 걸 달라고 아우성친다. 벌써 나는 누가 내 것을 훔쳐 갈까 전전긍긍하면서 숟가락 하나, 끈 쪼가리 하나, 단추 하나가 떨어져 있는 것만 봐도 얼른 집어넣고 이건 당연히 내 것이라고 되뇐다.

발등의 상처가 욱신거린다. 낫지 않을 것이다. 수레를 밀고, 삽질하고, 빗속에서 땀 흘리며 녹초가 되었고, 바람을 고스란히 맞으며 떨었다. 이미 내 몸은 더는 내 것이 아니었다. 배가 부풀어 올랐고, 팔다리는 말라비틀어졌으며, 얼굴은 아침에 부었다가 저녁이면 푹 꺼져 퀭해 보였다. 우리 가운데 몇 명은 피부가 노랬으며, 아예 흙빛인 사람도 있었다. 사나흘 동안 서로 보지 못하면 우리는 얼굴을 알아보지 못했다.

우리 이탈리아 사람들은 일요일 저녁마다 수용소 구석에서 만나곤 했지만 오래가지 않아 모임을 포기했다. 서로 얼굴을 보며 그때마다 더 초췌해진 몰골을 확인하며 어떻게 지냈는지 뻔한 이야기를 주고

받는 것이 너무나 서글펐기 때문이다. 그리고 그 몇 걸음을 걸어 만나는 것조차 무척 힘들었다. 얼굴을 본다고 해도, 예전을 회상하며 감상에 젖는 것은 결코 유쾌한 일이 아니었다. 차라리 만나지 않는 편이 더 나았다. (…)

우리는 납땜으로 빗장을 걸어 잠근 화물열차에 실려 이곳에 왔다. 우리는 여인과 아이들이 어둠 속으로 집어삼켜지는 것을 넋 놓고 바라보기만 했다. 노예로 전락한 우리는 강제노역을 하며 묵묵히 수백 번을 행군했다. 이름을 잃고 맞이할 죽음 앞에서 영혼마저 지워진 채. 우리는 돌아가지 못하리라. 여기선 누구도 나가서도 안 된다. 여기서 나가는 사람은 살갗에 새겨진 표식을 가지고 이곳 아우슈비츠에서 인간이 인간에게 어떤 만행을 저질렀는지 세상에 전해야 하기 때문이다.•

•   앞의 책, 40쪽부터, 인용은 64쪽.

        말로 담아내기 어려운 이야기

인간이 인간을 인간일 수 없게 만들었다. 친위대 대원과 카포Kapo* 그리고 '회색지대'의 비유대인 수감자로 소소한 특권을 누린 이들은 스스로 인간이기를 포기함으로써 비인간이 되었다. '회색지대'라는 표현은 같은 수감자 처지이면서 나치에게 부역해 공범이 된 사람들을 가리켜 레비가 한 말이다.** 반면에 그 어떤 역할도 부여받지 못했으며 막사 최연장자 또는 의무실 의사처럼 조금 더 많은 빵과 수프를 얻지 못한 대다수 수감자는 '인간성'을 탈취당했다.

인간성 파괴야말로 수용소라는 우주의 핵심 목표였다고 거의 모든 생존자가 입을 모아 증언한다. 독일 사회학자 볼프강 조프스키Wolfgang Sofsky는 그의 기념비적인 연구 『테러의 질서: 강제수용소Die Ordnung des Terrors: Das Konzentrationslager』에서 스스로 인간이기를 거부하며 인간성을 파괴한 것이야말로 근현대사의 눈여겨봐야 할 대목이라고 설명한다. 나치

---

* '카포'는 수감자 가운데 동료 수감자를 감시하는 역할을 맡아 그 대가로 좀 더 편한 생활을 하던 사람을 이르는 표현이다(옮긴이).
** 다음 자료를 참조할 것. 프리모 레비, 『가라앉은 자와 구조된 자』, 33~70쪽.

스는 인류 문명이 고안해낸 조직관리의 기술, 곧 인간을 조종해 일사불란한 조직을 꾸려내는 기술을 수용소라는 시설로 실제 시험했다.

특이한 점은 강제수용소라는 절대 권력은 어떤 생산적인 목표도 가지지 않았다는 사실이라고 조프스키 교수는 지적한다. 인간을 훈련해 군인이나 노동자로 언젠가는 쓸모 있는 일을 하도록 만드는 일에 나치스 권력은 조금도 관심을 가지지 않았다. 인간을 조직으로 만드는 현대적인 기술은 오로지 테러의 수단이 되었을 따름이다. 자본주의와 식민주의의 원칙은 착취였으나 아우슈비츠의 원칙은 오로지 파괴였다. 노동은 생산 가치와 완전히 별개의 것이 되었다. 노동의 목적은 오로지 노동자의 파괴였다.*

인간은 정체성을 빼앗겼다. 이름, 옷, 가진 것, 머리카락도. 시간 의식은 깨끗이 지워졌다. 다른 사람과의 관계, 사회, 문

---

* 다음 자료를 참조할 것. '볼프강 조프스키, 『테러의 질서: 강제수용소』, 제6판, 프랑크푸르트, 2008, 315~321쪽.

화, 세계와의 관계 그리고 무엇보다도 자기 자신과의 관계가 철저히 유린당했다. 강요된 비참함 속에서 거의 죽은 목숨으로 살아가며 당하는 수모, 같은 처지의 희생자임에도 빵 몇 조각의 보상에 기꺼이 공범을 자처하는 인간에게 복종하게 만드는 위계질서, 이런 소소한 보상과 복종이 생존에 필수적이라는 씁쓸한 현실은 인간으로서 가져 마땅한 연대감과 공동선을 철저히 지워버렸다. 그리고 이런 말살의 시도는 프리모 레비가 표현했듯이 예외를 찾아보기 힘들 정도로 대부분 성공을 거두었다.

수용소에서 일어나는 변신의 막다른 단계에서 인간은 그 형체조차 애매한 그림자로 남는다. 앙상하게 뼈만 남은 비참한 몰골을 일러 세상은 '무젤만Muselmann'이라 불렀다.* 수용소에서 쓰던 일종의 은어인 무젤만은 심신이 망가져 발을 질질 끌며 걷는 껍데기, 인생의 완전한 패배자를 가리키는 자조

---

* '무젤만'은 나치스의 강제수용소에 수용되었던 사람들을 부르는 명칭이다. 원래의 뜻은 '모슬렘', 곧 이슬람교도를 가리킨다(옮긴이).

적인 말이다. 프리모 레비와 장 아메리를 비롯해 오스트리아 출신의 심리학자 브루노 베텔하임Bruno Bettelheim과 임레 케르 테스 같은 생환자는 도무지 사람이라고는 보이지 않는 이 그 림자 현상에 금치 못했던 경악을 입을 모아 증언한다.[*] 얼굴이 완전히 무너져버린 통에 그 가련한 모습을 보아도 동정심이 조금도 들지 않았다고 했다.

프랑스 태생의 유대인 철학자 에마뉘엘 레비나스Emmanuel Levinas는 말을 하지 않고도 얼굴에서 드러나는 표현을 어떻 게 읽어야 하는지를 화두로 성찰했다. 인간의 얼굴은 상대방 에게 부디 책임감을 갖고 자기와 소통해달라고 호소한다.[**] 그러나 무젤만은 얼굴이 없다. 그에게는 인간을 인간답게 만

---

[*] 다음 책들을 참조할 것. 프리모 레비, 『이것이 인간인가?』, 107쪽부터. 브 루노 베텔하임, 『대중에 항거하다Aufstand gegen die Masse』, 프랑크푸르트, 1989, 176쪽. 임레 케르테스, 『운명을 잃은 사람의 이야기』, 190쪽. 장 아 메리, 『죄와 속죄의 저편』, 35쪽.

[**] 다음 자료를 참조할 것. 에마뉘엘 레비나스, 『전체성과 무한: 표면성 성찰 Totalität und Unendlichkeit. Versuch über die Exteriorität』(프랑스어 원제: Totalité et Infini: essai sur l'extériorité), 볼프강 니콜라우스 크레바니 Wolfgang Nikolaus Krewani 옮김, 프라이부르크/뮌헨, 2008.

드는 최소한의 것도 찾아볼 수 없다. 생기가 꺼져가는 무젤만은 그 어떤 소통 의지도 내비치지 않는다.

레비를 비롯해 여러 목격자들은 이 반쯤 죽은 물건으로 전락한 '더는 인간이 아닌 존재'는 아직 이 단계에 이르지 않은 다른 모든 수감자에게 외면당했다고 증언한다. 이들은 무젤만을 보며 '나도 곧 저렇게 변해버리겠구나' 하며 마치 자신을 거울에 비춰 보는 느낌에 시달렸기 때문이다. 아우슈비츠는 수감자들이 이웃을 인간으로 보지 못하게 만들었을 뿐만 아니라 자신도 인간이기를 포기하게 밀어붙였다.

프리모 레비 가스실에서 생을 마감하는 모든 무젤만은 똑같은 개인 역사를 가진다. 아니, 역사를 가지지 않는다고 하는 게 더 정확한 표현이다. (…) 이들은 일할 수 없을 정도로 무기력하거나 운이 없어서 또는 흔히 듣는 이런저런 진부한 사정 탓에 수용소 생활에 적응하기도 전에 가스실로 직행한다. 시간에 보조를 맞추지도 못한다. 각종 금지령과 명령이 뒤죽박죽 엉킨 지옥 같은 이곳에서 살아남고자 독일어를 배우려 안간힘을 쓰지만 몸은 이미 무너진 탓에 선별이나 탈진에 따른 죽음을 피할 수가 없다. 이들의 인생은 짧다. 하지만 무젤만은 끝을 모를 정도로 많다.

살아서 인생을 잃어버린 무젤만은 역설적이게도 수용소의 핵심이다. 이름 없는 무젤만은 늘 새로운 모습인데, 항상 똑같은 무리를 이루어 행군하고 녹초가 되도록 일하는 비인간, 이미 신의 은총 따위는 깨끗이 잊어버린 비인간이다. 이들은 이미 속이 말라비틀어진 탓에 실제 아픔도 느끼지 못한다. 살아있다고 보기도 어렵고, 그렇다고 죽은 사람이라 부를 수도 없다. 죽음이 무섭다고 흠칫 물러서지도 않는다. 그러기에는 너무 피곤하기 때문이다.

이들은 얼굴 없는 현재로 내 기억을 채운다. 단 한 장의 그림으로 우리 시대의 아픔 전체를 보여줄 수 있다면 나는 무젤만의 그림을 택하리라. 내가 아는

그림은 슬픔에 익사한 나머지 고개를 푹 숙이고 축
처진 어깨로 허청거리며 걷는 남자, 얼굴과 눈에서
생각의 흔적을 전혀 읽을 수 없는 남자가 있다.

수용소는 말 그대로 원시적인 생존 투쟁의 전쟁터였다. 수
용소 은어대로 '조직화'에 성공하는 사람만이, 다시 말해 필
요하다면 다른 사람을 희생시켜서라도 자신의 이득을 취할
수 있는 사람만이 살아남을 기회를 잡았다.

이른바 '마태 효과Matthew effect', 성경 마태복음에 나오는
"무릇 있는 자는 받아 풍족하게 되고 없는 자는 그 있는 것
까지 빼앗기리라"라는 구절에 빗대어 경제학의 부익부 빈익
빈 현상을 이르는 마태 효과는 수용소에서 절대 진리, 누구
나 인정하는 법칙이었다고 레비는 설명한다. 수감자는 누구
나 '절박했고 오로지 자기 자신만을 위해 잔인함을 서슴지
않아서' 건강한 사회 질서는 완전히 무너져버렸다.* 행동의 원

---

* 다음 자료를 참조할 것. 프리모 레비, 『이것이 인간인가?』, 106쪽.

칙은 단 하나였다. '무젤만이 되자!' 그래야만 다음 선별이나 탈진에 따른 죽음을 피할 수 있기 때문이다.

무젤만 탓에 아우슈비츠에서 실제 어떤 일이 벌어졌는지 생존자는 증언을 꺼리는 경우가 많다. 생존자는 대개 동료 대신 살아남았다는 것을 부끄럽게 여기기 때문이다. 이런 문제를 의식한 루트 클뤼거Ruth Klüger[•]는 생존자는 저마다 '자신의 우연' 덕에 살아남은 것이라고 강조한다.[••] 프리모 레비는 1986년에 발표한 책『가라앉은 자와 구조된 자』에 다음과 같이 썼다.

프리모 레비 물론 내가 무얼 잘못했다고 느끼지는

[•] 루트 클뤼거(1931~2020)는 오스트리아 출신의 유대인 여성 독문학자로 홀로코스트 생존자다. 미국 캘리포니아 대학교에서 독문학을 가르치며 이른바 '증언 문학'에 힘쓴 인물이다(옮긴이).

[••] 다음 자료를 참조할 것. 루트 클뤼거,『계속되는 삶: 어느 청소년weiterleben. Eine Jugend』, 제14판, 뮌헨, 2007, 134쪽. 다음 자료도 참조할 것. 마르틴 도에리Martin Doerry,『어디에도 집은 없고, 어디나 집이다: 홀로코스트 생존자와의 대화Nirgendwo und überall zu Haus. Gespräche mit Überlebenden des Holocaust』, 뮌헨, 2006, 98~109쪽.

않는다. 그러나 나는 분명 구조된 자들 가운데 한 명이기에 다른 사람들 그리고 특히 나 자신에게 살아남았다는 사실을 정당화할 구실을 끊임없이 찾는다. (…)

우리 생존자는 극히 소수이며, 그마저도 갈수록 줄어든다. 게다가 우리는 정상적이라고 보기도 힘든 소수이기도 하다. 우리는 인간으로서 감당해야 할 의무를 저버렸거나, 재주나 운이 좋아 심연의 가장 밑바닥을 건드리지 않았기 때문이다. 그 밑바닥을 건드렸거나 메두사의 얼굴을 본 사람은 증언하기 위해 돌아올 수 없다. 그들은 이미 말할 수 없는 지경에 이르러 무겁게 침묵할 뿐이다.[*]

이탈리아 철학자 조르조 아감벤Giorgio Agamben은 그의 책 『아우슈비츠의 남은 자들Quel che resta di Auschwitz』(1998)에서

---

[*] 프리모 레비, 『가라앉은 자와 구조된 자』, 86쪽.

프리모 레비의 관찰을 토대로 인간성의 완전한 파괴는 결국 증언될 수 없다는 결론을 내렸다.[*] 언어를 매개로 하는 증언의 어려움 외에도 아우슈비츠의 비극은 또 다른 심각한 문제를 노출한다. 레비는 육성 증언을 들려줄 진짜 증인의 무덤은 저 허공에 있다는 의미심장한 표현을 썼다. 이 증인들은 비르켄아우에서 독살되고 화장터에서 연기가 되어 굴뚝을 타고 하늘에 올랐다.

'가라앉은 자'는 무더기로 독가스의 제물이 되기 전에 이미 살아서 죽었다. 레비 자신은 '구조된 자', 천신만고 끝에 인간으로서 일말의 주체성을 회복하기는 했지만 가라앉은 자에게, 특히 자기 자신에게 면목이 없어 말을 아낄 따름이다. 가라앉은 자는 돌아올 수 없다. 혹 기적이라는 우연으로 돌아온다고 할지라도 이들은 증언을 준비하며 다시 주체성을 회

• 다음 자료를 참조할 것. 조르조 아감벤, 『아우슈비츠의 남은 자들: 기록보관소와 증인Was von Auschwitz bleibt. Das Archiv und der Zeuge』, (호모 사케르 ⅢHomo sacer Ⅲ), 슈테판 몬하르트Stefan Monhardt 옮김, 프랑크푸르트, 2003, 29~35쪽.

말로 담아내기 어려운 이야기

복해야만 한다. 다시 말해 증언의 주체로 증언대에 서야만 한다. 하지만 이 주체는 인격체로 현장에 있지 않았던 탓에 아무것도 기억할 수 없다. 속속들이 자신을 비워내 아무것도 기억할 수 없는 인간이 무슨 증언을 할까. 아감벤이 펼치는 증언 역설이 그저 철학자의 시시콜콜 따지는 개념 놀이일까?

사샤 포이허르트 이 논제는 개념 놀이가 아니다. 나는 이 문제 제기야말로 아우슈비츠 경험의 핵심을 짚었다고 본다. 가스실의 마지막 순간이 어땠는지 이야기해줄 사람은 아무도 없다. 그곳에서 살아나온 사람은 없으니까. 그리고 우리도 그 현장을 현실에 충실하게 그려볼 수 없다. 그러나 나는 아감벤과는 다르게 '무젤만'이라는 단어는 그래도 주체로서의 인간을 나타낸다고 이해하고 싶다. 돌아올 수만 있다면 무젤만은 인간이리라. 다만 이 인간은 돌아올 수 없다. 돌아온다고 해도 아우슈비츠의 경험을 이야기해줄 수 없다. 희생자인 무젤만은 더는 존

재하지 않으니까. 그리고 나는 무젤만이 돌아와 이
야기할 수 있다고 한들, 그들의 이야기는 결국 그 어
떤 매개로도 전달될 수 없다고 본다.

레비는 수용소를 운영하는 나치의 목표가 인간을 '비非인
간Unmensch'과 '무無인간Nichtmensch'이라는 두 그룹으로 갈
라놓는 것이었다고 이야기한다. 비인간은 생존 욕구로 인간
을 파괴하는 카포이며, 그 반대편은 인간으로서 파괴당하는
무젤만이다.

수용소는 이런 비열한 꼼수로 저항력을, 사회성을, 도덕
을, 어떤 문화든 간에 무너뜨리고 짓밟았다. 하지만 레비는
지칠 줄 모르는 순교로 일말의 인간다움을 지키려 노력한
사례로, 저항, 믿음, 문화, 함께 힘을 모으는 행동과 연대감
의 사례로 그의 기록을 가득 채웠다. 특히 레비는 그리스 살
로니카Salonika 출신의 유대인들, 이른바 '그리스 유대인'의
이야기를 감격의 목소리로 증언한다. 그리스 유대인은 품위
와 투쟁 정신을 자랑하면서 문명의 틀을 벗어나지 않는 뛰

말로 담아내기 어려운 이야기

어난 단결심을 보여주었다.[*] 물론 이들의 투쟁에는 정치 이데올로기와 종교적 신앙심이 든든한 받침목 역할을 했다. 이는 장 아메리도 확인한 사실이다. 많은 그리스 유대인은 예전에도 정치적으로 활발한 활동을 벌였으며, 아우슈비츠에서도 저항운동에 소홀하지 않았다.

예를 들어 1944년 여름 그리스 남자 400여 명은 헝가리 출신의 유대인 시신들을 불태우라는 명령을 거부해 그 자리에서 사살당했다. 같은 해 가을 그리스 유대인 135명은 수용소 내에서 봉기를 일으켰다. 제3 화장터가 폭파된 건 분명 그리스인들이 벌인 항거다.[**] 이들은 수용소에서 성자로 존경받았다. 레비는 『이것이 인간인가?』에서 그리스 유대인 지도자가 어떻게 처형당했는지 증언한다. 이 영웅에게는 개인으로 죽는 것이 '허락'되었다.

---

[*] 다음 자료를 참조할 것. 프리모 레비, 『이것이 인간인가?』, 95쪽.
[**] 다음 자료를 참조할 것. 이스라엘 구트만Israel Gutman 외 공동 편집, 『홀로코스트 백과사전: 유럽 유대인이 당한 박해와 살해Enzyklopädie des Holocaust. Die Verfolgung und Ermordung der europäischen Juden』, 베를린, 1993, 562쪽부터.

프리모 레비 비르켄아우에서 몇백 명의 인간, 우리처럼 방어할 능력이 없는 약한 노예가 그래도 힘을 내어 행동에 나섰다는 것은 엄연한 사실이다. (…) 오늘 우리가 지켜보는 앞에서 죽어가는 이 인간은 어떤 방식으로든 봉기에 참여했다. 비르켄아우의 봉기에 가담했었다고, 수용소에 무기를 밀반입했다고, 동시에 우리에게 함께 떨쳐 일어나자고 설득하려 했다고 그는 말하리라. 아마도 독일인은 이 생존자가 맞이할 외로운 죽음, 인간으로서의 죽음이 치욕이 아니라 명예를 가져다줄 것이라는 점을 전혀 이해할 수 없으리라. (…) 죽어가는 이의 외침, 그저 살아남고 싶다는 굴욕적 관성이라는 이름의 강하고 해묵은 바리케이드를 꿰뚫고 울려 퍼지는 외침은 우리 각자의 헐벗은 생존 욕구를 사정없이 뒤흔든다. "동료여, 내가 마지막이야!"*

• 프리모 레비, 『이것이 인간인가?』, 178쪽.

말로 담아내기 어려운 이야기

사샤 포이허르트 나는 레비가 이런 대비를 통해 모든 것을 지배한 규칙과 특수한 예외를 묘사하려 했다고 본다. 아우슈비츠의 규칙은 철저한 비인간화였다. 다시 말해 인간성 또는 개성이 숨 쉴 공간을 철저히 빼앗는 것이 아우슈비츠의 철칙이다. 그러나 예외는 언제나 있었다. 우연 덕이든, 그때마다 다른 정황 탓이든. 나는 규칙과 예외의 이런 대비를 통해 레비가 인간다움이라는 것을 어떻게 이해하는지 선명하게 보여준다고 믿는다.

레비는 그저 빵 몇 조각 훔치려고 "옆 사람이 마침내 숨을 거두기를 기다리며 송장과 함께 같은 침대를 쓰는 사람, 조금의 거리낌도 없이 빵을 훔칠 순간만 기다리는 사람"이야말로 인간성을 완전히 빼앗겼다고 본다.* 하지만 그는 조금도 굴하지 않고 인간성을 지켜낸 몇몇 사람도 언급한다. 그의 절친

---

* 다음 자료를 참조할 것. 앞의 책, 206쪽.

알베르토Alberto는 모든 것을 그와 함께 나누었으며 수용소 생활에 굴하지 않고 의연하게 버텼지만, 죽음의 행군 끝에 폴란드 어딘가에서 생애를 마감했다.

그리고 결국 레비 자신도 그저 인간적인 면모를 놓치지 않으려 안간힘만 쓴 게 아니다. 그는 예전에 배운 지식을 활용해 살아남으려 투쟁했다. 1944년 겨울 그는 수용소와 맞닿은 IG 파르벤* 소속의 부나Buna 공장에서 화학자로 탄성고무 생산 작업에 투입되었다. 이 운 좋은 우연 덕분에 그는 수용소 생활의 겨울 마지막 석 달을 이겨내고 살아남을 수 있었다.

공장에서 레비는 예전의 자신을 떠올리며 이탈리아 시절 이렇게 저렇게 살자며 다짐했던 젊은 날의 여운을 맛보았다. 더욱이 예전에 배운 화학 지식을 활용하며 자신에게 이런 능

---

* IG Farben Interessen-Gemeinschaft Farbenindustrie은 제1차 세계대전 때 설립된 화학공업 기업이다. 당시 세계 최대 규모의 화학 염료 생산 기업이었던 IG 파르벤은 나치스의 적극적인 활용으로 전범 기업이라는 오명을 쓰고 해체당했다(옮긴이).

력이 아직 있다는 확인도 적잖은 기쁨을 선사했다. 『주기율표』에서 레비는 물에 적신 솜을 얇게 펴서 열판에 눌러 구워 팬케이크 비슷한 것을 만들었던 경험을 이야기한다. 이렇게 구운 것을 꾹 참고 씹으면 거기서 나오는 글리세린을 섭취할 수 있었다고 한다. 그러면 지방 분해로 얻어지는 몇 칼로리가 생존에 꼭 필요한 힘을 제공했다.

레비는 자신의 정체성을 지킬 수 있게 닻이 되어준 인문학 교육에 감사한 마음이라고도 썼다. 학교 다닐 때 읽었던 단테의 『신곡』이 그에게 고난을 버틸 힘을 선물했기 때문이다. 레비는 프랑스 출신의 동료 수감자에게 단테의 시를 알기 쉽게 풀어 잃어버린 세계를 이야기해주면서 자신을 인간으로 새삼 체험했고 실존의 욕구를 느꼈다고 썼다.

프리모 레비 너희가 어떤 씨앗에서 생겨난 존재인지 유념하라. 주님은 너희를 동물처럼 살라고 창조하지 않았다. 너희는 덕과 앎을 추구해야 할지니……. 처음 이 이야기를 들었을 때 나는 마치 신의 음성이 나팔 소리처럼 머리 위에서 울려 퍼지는 것만 같았다. 한동안 나는 내가 누구인지, 내가 어디에 있는지 잊었다.

피콜로Piccolo는 내가 이 구절을 다시 읽어주었으면 했다. 참 착한 친구다. 내가 이 구절을 좋아하는 걸 알고 듣기 좋으라고 응원해주니 말이다. 아니, 그 이상일 수도 있다. 어색한 번역, 조급함이 앞선 나머지 서투른 해석에도 그는 이 문장이 자신을 포함해 곤경에 처한 모든 사람, 특히 이곳의 우리가 새겨야 하는 것으로 이해했음이 틀림없다. 동물처럼 살지 말고 덕과 앎에 힘쓰는 인생을 살라는 말을 우리 두 사람은 머리를 맞대고 그 의미를 찬찬히 곱씹어보았다.•

• 프리모 레비, 『이것이 인간인가?』, 136쪽부터.

말로 담아내기 어려운 이야기

＊ ＊ ＊

같은 시기에 수용소 생활을 했을 것으로 추정되는 레비와는 다르게(두 사람이 실제로 만났는지는 확실하게 밝혀진 바가 없다), 한스 마이어에게 그동안 익힌 지식과 능력은 아무 도움을 주지 못했다. 화학자 레비는 부싯돌을 다듬어 부나의 암시장에서 빵과 교환했다. 그러나 아메리의 『죄와 속죄의 저편』에 수록된 첫 번째 에세이인 「정신의 경계에서An den Grenzen des Geistes」는 지성인이 수용소에서 겪어야만 하는 숙명을 가감 없이 그려낸다. 아메리는 자신의 갈고닦은 지식이 아무 소용이 없었으며, 오히려 화를 불렀다고 썼다.

> **장 아메리** 지적인 일에 종사하는 사람은 (…) 수용소에서 허드렛일이나 감당해야 하는 막일꾼일 따름이다. 일하는 모습만 보아도 사람들은 그럼 그렇지 하고 혀를 끌끌 찬다. 물론 지적인 일도 차이는 있다. 이를테면 화학자는 이 글에서 예로 든 수용소에서

자신의 전문 지식에 맞는 일을 했다. 아우슈비츠 도서인 『이것이 인간인가?』를 쓴 토리노 출신의 프리모 레비, 나의 수용소 동료였던 레비가 바로 그랬다.[•]

프리모 레비와 장 아메리 사이의 논쟁, 특히 이 에세이에서 아메리가 쓴 지성인이라는 개념 탓에 촉발된 논쟁은 제3부에서 자세히 다룰 것이다. 아메리는 지성인이라는 단어로 회의적인 분위기의 인문학 사상가, 주로 칸트나 하인리히 폰 클라이스트Heinrich von Kleist[••]를 인용하는 사상가를 염두에 두었을 뿐, 물리적 현상을 아는 사람까지 고려한 것은 아니다. 그는 보편진리에 이르기 위한 출발점을 언제나 자기 자신으로 삼았다.[•••]

- [•] 장 아메리, 『죄와 속죄의 저편』, 26쪽.
- [••] 하인리히 폰 클라이스트(1777~1811)는 독일의 작가다. 칸트 철학에 매료되어 한때 철학 공부에 매달렸으나, 진리를 알 수 없다는 회의에 사로잡혀 이런 분위기를 담아낸 작품을 주로 썼다. 인생을 바라보는 회의적 시선으로 결국 자살을 선택했다(옮긴이).
- [•••] '자기 자신'을 출발점으로 삼는다는 표현은 그 어떤 초월적 존재에게도 기대지 않고 생각을 풀어가려는 시도를 말한다. 철학은 초월적 존재를 끌어

수용소의 위계질서에서 유대인은 가장 밑바닥 신세다. 수용소 내부의 질서를 좌지우지하는 '직업 범죄자' 또는 '정치범'과 유대인 사이에는 광년으로 측정해야 할 만큼 커다란 간격이 존재한다. 더욱이 신앙을 가졌다거나, 마르크스주의자로 역사를 해석하는 유대인은 무시무시한 괴물을 상대할 수밖에 없다. 그래도 이런 유대인은 믿음이나 신념에 충실하게 이런 무시무시한 경험조차 의미를 부여해 이야기할 수 있으리라. 기독교도는 아우슈비츠가 신이 내리는 처벌이라고, 마르크스주의자는 파시즘이 자본주의의 마지막 단계이며 머지않아 혁명이 이루어질 거라고 저마다 의미를 부여한다.

그러나 아메리는 이처럼 의미를 부여할 그 어떤 것에도 의존하지 않았다. 그는 시온주의도, 『모세 5경』도 자신이 써나가는 이야기에 끌어들이지 않았으며 모스크바에 동지도 없

들이지 않는 논리만이 진리를 밝혀낼 수 있다고 본다. 초월성은 전제조건을 다는 것이기에 순환논리에 빠질 수밖에 없기 때문이다. 자기 자신에게서 출발한다는 표현은 또한 신 중심이 아닌 인간 중심의 생각, 곧 계몽주의의 자유를 염두에 둔 것이다(옮긴이).

었다. 정통 유대인이나 공산주의자는 혹독한 사건을 겪으면서도 종교나 이데올로기의 의미로 정신력을 끌어올린다. 그러나 무신론자이자 독단을 거부하는 좌파 지성인 장 아메리는 수용소에서 완전히 길을 잃었다. 비판적 이성의 세계관은 맥이 풀리고 말았다.

그가 섬기던 철학과 문학의 수호신은 아메리에게 조금도 도움을 베풀지 않았다. 정신은 더는 현실을 넘어서지 못했으며 그저 자신을 무너뜨리는 일에만 좋은 솜씨를 발휘했다. 그 밖에도 아메리는 생각을 펼칠 때마다 기본적으로 활용하곤 했던 지식 인프라마저 잃고 말았다.

장 아메리 아우슈비츠에서 정신은 그냥 정신일 뿐이다. 정신으로 얻어낸 생각의 결과물을 사회 구조에 접합할 기회는 전혀 없다. 지성인은 자신의 정신과 함께 우두커니 서 있을 따름이다. 그저 의식의 내용만으로 지탱하는 정신, 그 내용을 사회 현실로 구체화할 수 없는 정신은 떨쳐 일어나 자신을 주장

말로 담아내기 어려운 이야기

하지도 못한다. (⋯) 정신이 자신의 위상을 가늠하던 좌표 체계의 축은 부러지고 말았다. 아름다움, 그런 건 환상이었다. 깨달음, 그건 개념 놀이에 지나지 않았다.•

독일어를 모국어로 쓰는 유대인 지성인은 또 하나의 문제를 풀어야만 했다. 그의 정신은 수용소가 파놓은 심연이 얼마나 깊은지 가늠하는 데 아무런 도움을 주지 못했을 뿐만 아니라, 정신적 자산마저 가해자에게 탈취당하는 쓰라린 경험을 해야만 했다. 자신의 정체성을 받쳐주던 지식 체계로부터 그는 다시 돌아올 수 있을까 걱정할 정도로 내몰렸다.

장 아메리 수용소의 한 동료는 직업이 무엇이었냐는 물음에 어처구니없이 "나는 독문학자요"라고 진실을 말해버렸다. 이 말에 친위대 대원은 살인적인

• 장 아메리, 『죄와 속죄의 저편』, 31쪽, 52쪽.

분노를 터뜨렸다. 같은 시기 저 미국에 방문한 토마스 만은 이런 말을 했다고 들었다. "내가 있는 곳이 곧 독일 문화다." 독일 출신의 유대인인 아우슈비츠 수감자는 비록 토마스 만과 같은 명성을 누렸을지라도 그런 뻔뻔한 주장은 할 수 없다. 그는 독일 문화가 자신의 정체성이라고 자랑할 수 없다. 사회가 그런 자랑을 인정해주지 않으니까.*

더욱이 아메리는 레비와는 다르게 자신의 모국어로부터도 쫓겨났다. 레비에게 독일어는 위험한 울림을 주는 오물, 그러나 죽임당하는 것을 피하려고 그 의미를 기억해두어야 하는 고약한 쓰레기였다. 반대로 아메리에게 독일어는 고향이자 생각의 도구였음에도 살인자가 짖어대는 명령어로 전락하고 말았다. 홀로코스트 생존자로 증언 기록을 책으로 펴낸 여성 저술가 힐다 슈테른 코헨Hilda Stern Cohen은 모국어가 변질되

---

* 앞의 책, 34쪽.

말로 담아내기 어려운 이야기

는 고약한 경험의 핵심을 이렇게 정리했다. "내 혀는 나를 저주하는 언어에 못 박혀버렸다."[•]

레비는 단테에게서 버팀목을 발견해 자신을 키워준 문화적 고향을 새길 수 있었던 반면, 아메리는 프리드리히 횔덜린 Friedrich Hölderlin과의 연결 고리를 완전히 잃어버렸다.

> **장 아메리** 겨울의 어느 날 저녁이 떠오른다. 우리는 고된 노동을 마치고 카포가 축 처진 목소리로 "왼발, 둘, 셋, 넷" 외치는 구령에 따라 다리를 허청거리며 IG 파르벤 공장 터에서 수용소로 돌아오는 길이었다. 그때 반쯤 지어진 건물 앞에서 바람에 나부끼는 깃발이 내 눈에 띄었다. 기묘한 광경에 먼저 왜 저기서 깃발이 나부끼는지 그 이유야 신만 알겠지

• 에르빈 라이프프리트Erwin Leibfried·사샤 포이허르트 공동 편집, 「내 혀는 나를 저주하는 언어에 못 박혀버렸다: 홀로코스트 생존자 힐다 슈테른 코헨의 시와 산문(1924~1997)Genagelt ist meine Zunge. Gedichte und Prosa einer Holocaust-Überlebenden von Hilda Stern Cohen (1924~1997)」, 『메멘토Memento』 제2권, 기센, 2003, 43쪽.

하는 생각이 들었다. "담벼락은 서서 아무 말 없이 추위에 떨며, 바람 속에서 깃발만 나부끼네." 나는 거의 기계적으로 이 시구절을 연상하고 중얼거렸다. 그리고 다시 좀 더 큰 소리로 구절을 암송하고 그 울림에 귀를 기울이며 리듬을 느껴보려 하면서 오

---

*   프리드리히 횔덜린(1770~1843)의 시 「인생의 절반Hälfte des Lebens」은 독일어 원문에서 전후좌우의 대칭을 가장 잘 살려낸 작품으로 평가받는다. 전반부와 후반부가 각각 일곱 개의 구절로 이뤄져 있으며 물Wasser과 아프다Weh와 바람Wind에서 보듯 모두 같은 'W'로 정확히 운을 맞춘다. 전반부와 후반부는 중년을 중심으로 바라보는 젊음과 노년을 상징한다. 마지막 행의 '깃발Fahne'은 바람의 방향을 가리키는 풍향계로 '입에서 풍기는 술 냄새'라는 함의도 갖는 단어다. 키스에 취해 맑은 물에 머리를 담그며 노년의 회한으로 안타까워하는 초라한 모습을 잘 묘사한 시다. "Mit gelben Birnen hänget/Und voll mit wilden Rosen/Das Land in den See,/Ihr holden Schwäne,/Und trunken von Küssen/Tunkt ihr das Haupt/Ins heilignüchterne Wasser.//Weh mir, wo nehm' ich, wenn/Es Winter ist, die Blumen, und wo/Den Sonnenschein,/Und Schatten der Erde?/Die Mauern stehn/Sprachlos und kalt, im Winde/Klirren die Fahnen." 다음은 한글 번역문이다. "노랗게 익은 배들을 주렁주렁 달고/야생의 장미들이 만개한/땅은 호수 속으로,/너희 사랑스러운 백조들은,/키스에 취해/머리를 담그는구나/취함이 없는 거룩한 물속으로.//아프구나, 어디서 찾아야 할까/겨울이 오면, 꽃들을 그리고 어디서/햇살을/그리고 땅의 그림자를?/담벼락은 서서/아무 말 없이 추위에 떨며, 바람 속에서/깃발만 나부끼네." (옮긴이)

래전부터 이 횔덜린의 시가 선물하던 감흥과 정신의 그림이 다시 나타나기를 기대했다. 그러나 아무것도 없다. 시는 현실을 더는 넘어서지 못한다. 그저 메마른 구호만 들려올 뿐이다. 카포는 "왼발" 어쩌고 외치며, 수프는 멀겋고, 바람에 깃발이 나부꼈다.[•]

그런데 '정신'은 아메리에게 우연하게도 간접적으로나마 일종의 특혜를 베풀었다. 부나 공장의 한 임원이 글을 쓰는 것을 도와준 뒤부터 아메리는 서기로 '쓰임'을 받았다. 그리고 러시아군이 진격해오기 열흘 전에 독일군은 서둘러 아우슈비츠를 정리했다. 수감자들은 고난의 행군을 이어 글라이비츠 2Gleiwitz Ⅱ로, 다시 미텔바우도라Mittelbau-Dora로 건너갔다가 결국 베르겐벨젠 수용소로 갔다. 이곳에서 한스 마이어는 1945년 4월 15일 영국군에게 해방되었다.

• 장 아메리, 『죄와 속죄의 저편』, 32쪽.

장 아메리 지프 한 대가 이 지옥으로 달려 들어왔다. 빨간 모자를 쓰고 붉은빛이 도는 금발의 콧수염을 기른 헌병 하사가 확성기를 들고 외쳤다. "오늘부터 이 수용소는 대영제국 황제 폐하 군대가 보호한다."•

* * *

장 아메리나 절친 알베르토와 달리 프리모 레비는 죽음의 행군에 내몰리지 않았다. 아우슈비츠의 '철수와 청소'가 이뤄지는 동안 레비는 성홍열로 의무실 신세를 졌다. 친위대는 병자들을 말살하려 했지만 폭격과 계속 진군해오는 연합군 탓에 그럴 시간이 없었다. 이렇게 해서 병자들은 그냥 버려졌다. 대개 변변한 셔츠 한 장 입지 못했으며 이질과 티푸스를 앓

• 　장 아메리, 『현장성Örtlichkeiten』, 이레네 하이델베르거레오나르트·게르하르트 샤이트 공동 편집, 전집 제2권, 슈투트가르트, 2002, 350~489쪽, 인용문은 439쪽.

말로 담아내기 어려운 이야기

았다. 바깥은 영하 20도의 혹한이었다. 『이것이 인간인가?』의 결말 부분은 유령도시로 변해버린 아우슈비츠의 열흘을 묘사한다.

프리모 레비 마침내 주변에서 힘이 느껴진다. 이 힘은 독일의 것이 아니다. 우리의 저주받은 세계를 사정없이 뒤흔드는 위력이 글자 그대로 고스란히 굉음을 울린다. (…) 수용소는 이제 막 죽음으로 들어섰음에도 벌써 썩는 냄새를 풍긴다. 물은 물론 전기도 없다. 깨진 창문과 부서진 문이 바람에 덜컹거리며 지붕에 깔린 양철판이 삐걱거리고, 불에 타고 남은 재들이 소용돌이를 이루며 높이, 멀리 날아간다. 폭탄이 위력을 발휘한 곳에서 인간들은 보잘것없는 미약한 힘으로 꼬물거린다. 너덜너덜한 넝마를 걸치고 금방이라도 쓰러질 것만 같은 해골 형상의 병자들이 딱딱하게 얼어붙은 땅 위로 발을 질질 끌며 걷는 모습은 꼭 벌레들이 무리를 이루어 습격하는 모양새다. 이들은 막사 전체를 샅샅이 뒤지고 다니며 먹을 것과 불 땔 나무를 찾았다. (…) 먹을 걸 달라고 아우성치는 내장을 다스리는 주인이길 포기하고, 외려 내장의 노예가 된 이들이 닥치는 대로 쑤시고 다니는 바람에 소중한 눈이 더럽혀졌다. 수용소에서 눈은 물을 얻을 유일한 자원이었는데 말이다.

불에 탄 막사의 피어오르는 연기에도 병자들은 폐허 주위에 주저앉아 마지막 온기라도 놓치지 않으려 넋을 놓았다. 어떤 환자들은 어디선가 용하게도 감자를 구해다가 남은 불씨에 구우며 굶주린 짐승의 눈빛으로 불씨를 노려보았다. (…) 수용소는 적막하기만 했다. 아무튼 너무나 굶주린 나머지 누구라 할 것 없이 몰골은 처참하기만 했다. 푹 꺼진 눈이 누더기만 걸친, 해골처럼 앙상하고 사지가 누렇게 뜬 몸 위쪽에서 두리번거리며 무엇인가 끊임없이 찾는다. (…)

지금은 누그러질 생각이 없는 듯한 혹한에 시달리기

는 하지만, 우리는 곧 날씨가 풀리면 어쩌나 하는 걱정에 몸서리가 쳐졌다. 얼어붙은 게 녹으면서 전염병을 일으키는 병원균이 무서운 속도로 퍼지리라. 썩는 냄새가 코를 찔러 숨도 쉬기 어려울 게 분명하다. 그 밖에도 눈이 녹으면 물을 더는 구할 수 없다. (…) 더욱 심각한 문제는 모든 막사의 침상에 시체들이 그대로 있다는 사실이다. 막대기처럼 딱딱하게 굳어버린 시신을 치울 엄두는 누구도 내지 못했다. 땅바닥이 너무 딱딱하게 얼어붙어 무덤을 팔 수 없었기 때문이다. 배수로에 많은 시체가 쌓였는데, 며칠 지나지 않아 그 더미 위로 뭔가 꼬물거리는 것이 무수히 나타났다. (…) 우리는 죽은 자와 구더기의 세계에 꼼짝없이 갇혔다. 우리 주변에도, 우리 안에도 문명은 흔적조차 남기지 않고 사라졌다.•

• 　프리모 레비, 『이것이 인간인가?』, 185~205쪽.

하지만 이런 종말론적 재앙의 순간에도 일말의 인간성은 살아 숨 쉬었다. 성홍열을 앓아 힘이라고는 쓸 수 없었음에도 레비는 두 명의 친구와 함께 막사에 생기를 불어넣으려 노력했다. 이들은 오븐을 하나 조립해 구운 빵을 동료들과 함께 나누었다. 1945년 1월 27일 새벽 아우슈비츠는 붉은 군대 덕에 해방되었다.

말로 담아내기 어려운 이야기

제 3 부

죽임을 당한 쪽은 이웃이 아닌 나여야 하지 않았을까?

나는 이웃의 희생 덕에 살아남은 게 아닐까?

나보다 더 약한 사람, 심지어 더 나은 사람도 죽었는데

어째서 나만 살아남았을까?

죽음의 수용소에서 살아남았다는 부끄러움, 역사에 특이 사례로 기록되었다는 수치심은 홀로코스트 문학이 가장 자주 다룬 주제다. 죽임을 당한 쪽은 이웃이 아닌 나여야 하지 않았을까? 나는 이웃의 희생 덕에 살아남은 게 아닐까? 나보다 더 약한 사람, 심지어 더 나은 사람도 죽었는데 어째서 나만 살아남았을까? 나를 몰락으로부터 구한 것이 정말 우연과 특별한 재주뿐이었을까?

프리모 레비는 잘못한 것이 없었음에도 죽은 이와 산 자에게 어째서 자신이 '구조'되었는지 변명이라도 해야 할 것 같은 혼란한 감정에 시달렸다. 실제로 초기 이스라엘에는 홀로코스트 생존자를 바라보는 깊은 불신이 팽배했다. 악마와 거래한 덕에 살아남은 게 아니냐는 불신의 비난은 1961년 아이히만 재판이 벌어질 때까지 끊임없이 제기되었다.

그러나 가해자, 이득을 본 자, 구경꾼은 아무런 죄책감을 느끼지 않았다. 전쟁이 끝난 뒤 친구와 적을 가르는 새로운 경계가 그어지고 냉전이라는 다른 이름의 전쟁이 계속되었을 뿐이다. 서독은 경제 기적을 이루었다고 자랑하며 강경 일변도의 반공주의에 열을 올린 반면, 동독은 파시즘에 맞서 싸운 투사라는 그럴싸한 이미지로 자신을 포장하기 바빴다. 홀로코스트의 죄책감은 검은색의 장막 뒤에 내버려졌다. 다락방에 처박힌 유품과 사진 앨범이 되어 흐르는 세월과 함께 먼지만 뒤집어썼다.

동독과 서독의 가해자들은 이제 거리낌 없이 미래에 매진했다. 반면에 피해자는 삶이 산산이 부서져 남은 파편을 끌어안고 괴로워하며, 과거에 묶여 죽지 못해 살았다. 상상조차 하기 힘든 반인륜적 범죄에 부끄러워하고 괴로워하는 쪽은 가해자가 아니라 피해자였다.

말로 담아내기 어려운 이야기

나치스 독일이 행정구역 오버슐레지엔Oberschlesien*에서 황급히 퇴각하면서 부나와 모노비츠의 막사에 남겨놓은 800여 명의 수감자 가운데 500명은 러시아 군대가 수용소를 접수하기 열흘 전에 죽었다. 병으로 목숨을 잃지 않은 300명은 굶주림에 시달리며 혹독한 추위에 떨어야만 했다. 서둘러 치료를 해줬음에도 그 후유증으로 200명이 죽었다. 레비는 살아남은 100명 가운데 한 사람이었다.

1963년에 발표한 레비의 소설 『휴전La tregua』은 붉은 군대에서 해방된 것을 시작으로, 폐허가 된 유럽을 그저 자신의 방향감각 하나만 믿고 남쪽을 향해 걸으며 고향 도시 토리노로 돌아오는 고난의 행보를 그렸다. 말에 올라탄 네 명의 젊은 군인이 수용소 부지를 에워싼 길을 따라 달려와 수용소 철조망 앞에 서서 기관총을 치켜들었다. 레비와 친구 찰스Charles는 마침 커다란 구덩이를 파서 막사 동료들의 시체를

---

* 오버슐레지엔은 현재 독일의 동쪽 국경과 인접한 지역, 폴란드와 체코에 걸친 지역의 지명이다. 오늘날에는 대부분 폴란드 영토다(옮긴이).

묻으려 안간힘을 쓰고 있었던 참이었다. 군인들은 경계 태세를 늦추지 않고 그 광경을 지켜보았다. 레비와 찰스는 서로 얼굴을 보며 무슨 말을 어떻게 해야 좋을지 몰라 난감한 표정만 지었다.

프리모 레비 서로 인사도 하지 않았다. 어색한 미소조차 지어지지 않았다. 군인들은 당황한 기색이 역력했다. 무슨 동정심이라기보다는 무어라 말해야 좋을지 모르는 난처함 탓에 이들은 입을 꾹 닫고 이들의 바로 앞에서 펼쳐지는 음울한 광경에서 눈을 떼지 못했다. 예전에 우리가 선별당할 때마다 그런 무시무시한 학대를 그저 견뎌야만 하는 무력함에 속이 뒤집히던 부끄러움, 그러면 안 되는데도 익숙해질 수밖에 없었던 부끄러움을 저들도 느끼는 게 분명했다.

독일인은 이런 부끄러움을 알지 못한다. 정의감에 불타는 사람은 타인이 저지른 잘못을 보고 괴로워

말로 담아내기 어려운 이야기

하며 참지 못하는 부끄러움을 저들은 알지 못한다. 정의로운 사람은 부당한 학대가 실제로 존재한다는 점만으로도 치욕을 느낀다. 학대가 되돌릴 수 없이 실재하는 사물의 세계에 각인되어 좋은 의지로도 할 수 있는 게 거의 없다는 점에 분노한다. 바로 그래서 해방으로 맛보는 자유의 시간은 우리 영혼을 기쁨으로 채우기는 하지만, 동시에 아프기만 한 부끄러움을 불러일으킨다.

치욕의 과거는 그만큼 심각한 부담을 준다. 부끄러움 탓에 우리는 그 가증스러운 죄악을 우리의 기억과 의식에서 깨끗이 씻어낼 수 있기만을 간절히 소망했다. 그러나 이미 벌어진 일을 되돌릴 수 없다는 아픔으로, 과거를 지울 좋고 순수한 것은 그 어디에도 없다는 안타까움으로 우리의 가슴은 시커멓게 타들어만 간다.

일어나서는 안 되는 일이 일어난 곳에서 그 죄악을 고스란히 지켜보기만 했다는 죄책감은 우리 안에

영원히 남아, 계속해서 이를 증언할 기록을 남기게 하리라.[*]

증언 기록은 레비가 여생을 바치겠다고 결심한 사명이다. 아우슈비츠의 참상이 귀를 의심할 정도로 믿기 어려웠고, 독일과 이탈리아는 물론 러시아와 프랑스에서도 살아남은 사람들의 이야기를 진지하게 받아들여 주지 않았기에, 이루 말로 하기 힘든 고통스러운 기억은 반드시 이야기되어야만 했다.

대다수 수감자는 이미 강제수용소에서 밤이면 밤마다 고향의 집에서 가족과 둘러앉아 그 기막힌 운명을 이야기해주었음에도 아무도 믿어주지 않는 꿈을 꾸곤 했다. 수감자 누구나 '탄탈로스 꿈'을 꾸었다. 그리스 신화에 등장하는 탐욕에 절은 왕 탄탈로스가 오만하게 굴다가 지옥에 떨어져 눈앞에 보이는 물과 과일을 마시고 먹을 수 없어 기갈에 시달리는 악몽이 그

---

[*] 다음 자료를 참조할 것. 프리모 레비, 『휴전Die Atempause』. 바르바라 피히트Barbara Picht · 로베르트 피히트Robert Picht 공동 번역(이탈리아어 원제: La tregua), 11쇄, 뮌헨, 2019, 8쪽부터.

꿈이다. 얼마나 굶주림이 극심했는지 웅변해주는 이 악몽과 더불어 자신의 이야기를 믿어주지 않아 가위눌리는 꿈은 세상이 무너지는 아픔을 안겼다. 그리고 현실은 이 꿈이 공연한 걱정이 아니었음을 고스란히 확인해주었다.

약 아홉 달에 걸친 오디세이, 수용소에서 풀려나 민스크와 러시아 남부를 거치는 방랑 끝에 드디어 고향으로 돌아온 레비는 악몽이 현실임을 뼈아프게 곱씹어야만 했다. 악몽이 현실이 되는 이런 경험은 많은 생존자가 입을 모아 증언한다. 루트 클뤼거 역시 『계속되는 삶』에서 사람들이 증언을 믿어주지 않아 힘들었다고 하소연한다.[•]

사샤 포이허르트 레비는 이미 아우슈비츠에서 나중에 자유의 몸이 되더라도 세상은 자신의 이야기를 무시하고 믿어주지 않을 것을 예감했던 게 분명하다. 아우슈비츠에서 늘 같은 꿈을 되풀이해서 꾸

[•] 다음 자료를 참조할 것. 루트 클뤼거, 『계속되는 삶』, 234~239쪽.

며 가위에 눌렸다고 『이것이 인간인가?』에서 레비는 매우 인상 깊게 묘사한다. 이 꿈에서 그는 가족과 함께 식탁에 둘러앉아 아우슈비츠에서 겪었던 일을 열심히 이야기해주었는데, 문득 분위기가 묘하다는 느낌에 주변을 둘러보니 아무도 자신의 이야기를 귀 담아듣지 않더란다.

실제로 천신만고 끝에 귀향한 레비에게 정확히 이런 일이 일어났다. 그는 증언을 남겨야만 한다는 엄청난 압박감에 책을 쓰기 시작했다. 이런 압박감은 다른 많은 생존자도 느꼈다고 한다. 증언 기록을 쓰는 일은 레비가 분명히 강조했던 것처럼 그에게 살아갈 힘을 주었다. 보고서의 집필은 그에게 구원과 마찬가지였다. 그러나 막상 책이 출간되었을 때는 아무런 주목을 받지 못했다. 누구도 귀담아듣지 않는 레비의 꿈은 고스란히 현실이 되었다.

토리노로 돌아온 레비는 이내 염료공장에서 일자리를 찾

았다. 낮에는 공장에서 점성이 강한 래커를 칠하기 좋게 액체화하는 공정을 개발하는 일에 매달렸다. 그리고 밤에는 잊어버리라고 윽박지르는 세상에 맞서 증언 기록을 써 내려갔다. 자신의 인생을 짓밟아버린 기억을 레비는 초인적인 힘으로 종이에 옮겼다. 동료들은 마치 신들린 듯 글을 쓰는 그를 의혹과 근심의 눈길로 바라보았지만, 정작 본인은 글을 쓸수록 새롭게 각오를 다지며 해낼 수 있다는 자신감을 얻었다. 또 길을 가며 먹을 것이나 먹거리와 교환할 수 있는 것을 찾느라 습관처럼 고개를 숙이고 걷던 자세도 비록 몇 달이 걸리기는 했지만 고쳤다. 그럼에도 그는 일상으로 귀환한 것이 꿈이고 현실은 아우슈비츠가 아닐까 하는 악몽에 여전히 시달렸다.

프리모 레비 포로 생활에서 풀려난 지도 석 달이 흘렀다. 여전히 나는 잘 지내지 못한다. 두 눈으로 보고 피부로 당한 일은 내 안에 깊은 화상을 남겼다. 속이 이글거리며 타는 아픔은 내가 살아 있는 사람이 아니라 죽은 사람에 가깝다고 느끼게 한다.

내가 인간이라는 사실이 너무나 죄스럽다. 아우슈비츠는 바로 인간이 세웠으니까. 아우슈비츠는 숱한 인간의 목숨을 게걸스럽게 집어삼켰으니까. 나의 많은 친구가 그렇게 죽었다. 내 심장을 온통 차지했던 여인을 나는 작별 인사 한마디 하지 못하고 보내야만 했다. 나는 이 이야기를 쓰는 일이 나를 정화해 줄 수 있다고 믿는다. (…)

나는 되도록 간결하게, 피를 잉크 삼아 증언 기록을 썼다. 입으로든, 글로든 현기증이 나도 증언을 계속하자고 다짐했다. 차츰 한 권의 책이 완성되어 간다. 글을 쓰며 나는 잠깐이나마 평화를, 내가 다시 인간이 되었다는 안도감을 느꼈다. 인간, 순교자도 저주받은 사람도 성자도 아닌 가족을 이루고 살아가는 인간, 과거가 아니라 미래를 바라보고 살아가는 인간으로 나는 돌아왔다.[•]

•   프리모 레비, 『주기율표』, 163쪽.

레비는 1945년에서 1947년까지 『이것이 인간인가?』를 썼다. 같은 시기에 그는 나중에 아내가 된 여인을 만났다. 레비는 그녀와 끝까지 함께했으며, 어린 시절에 살았던 집에서 어머니와 장모를 모시고 생활했다. '해방감을 선물하는 책'과 '사랑이 충만한 행복'은 서로를 보완해주었다.

프리모 레비 만난 지 불과 몇 시간밖에 지나지 않았음에도 우리는 서로에게 정해진 사람이라는 것, 그저 스쳐 지나가는 우연한 만남이 아니라 평생을 함께할 짝임을 깨달았다. 그리고 그대로 이루어졌다. 단 몇 시간 만에 나는 새로 태어난 것처럼 느꼈다. 오랜 아픔을 씻어내고 치유된 감각, 새로운 힘으로 충만한 느낌은 기쁜 마음으로 힘차게 인생을 향해 나아갈 수 있게 해주었다. 그리고 내 주변의 세상 역시 돌연 말끔해진 모습을 자랑했다. (⋯)
글쓰기조차 완전히 다른 모험이 되었다. 깊은 상처로 아픔과 슬픔에 시달리며 간신히 이어가는 그런 글쓰기가 아니었다. 친근하게 공감을 표해달라고 매달리던 마음은 씻은 듯 사라졌다. 이제 글쓰기는 외롭다는 감정에 시달리지 않고 또렷한 정신으로 집을 짓는다는 느낌을 선사했다. 무게를 달아보고 나누고 측정하면서, 확실한 시료를 가지고 판단하고 '왜'라는 물음의 답을 부지런히 찾는 화학자의 작업 그대로다. (…)

올바른, 다시 말해서 딱 들어맞는 간결하면서도 힘 있는 단어를 찾거나 고르거나 심지어 창조해내는 일은 대단히 흥미로웠다. 기억에 저장된 것 가운데 골라내고, 되도록 엄격하면서도 최소한의 꾸밈만 주려 노력했다. 역설적으로 들릴 수 있는데, 끔찍하기만 했던 기억이라는 짐은 오히려 나를 풍요롭게 만들어줄 자산이 되었다. 씨앗이라고 하면 더 정확한 표현일까. 나는 글을 쓰면서 식물처럼 성장한다는 느낌을 받았기 때문이다. (…)

나는 어떻게 내가 아우슈비츠와 그 처절한 고독에

맞서 싸워 승리했는지 기꺼이, 온 세상에 보여주고
말겠다는 의지를 다졌다.[*]

  레비는 '키아레차Chiarezza', 곧 명료함을 최우선으로 고려
하는 글을 쓰려고 노력했다. 언어와 현실 사이에 피할 수 없
이 벌어지는 틈새를 최대한 줄여야 아우슈비츠를 충실히 증
언할 수 있기 때문이다. 그는 자신이 이러저러한 일을 겪었다
고 드러내려 글을 쓰지 않았다. 기회가 있을 때마다 거듭해서
독자가 이해하기 쉬운 글을 쓰고자 했다. 가슴이 아니라 머리
로, 기교를 부리는 꾸밈을 버리고 최대한 회의록 분위기의 글
을 쓰고 싶어 했다. 자연과학은 레비 글의 대부였다. 정확한
개념을 골라내고, 자주 쓰는 무수히 많은 단어 가운데 딱 맞
는 단어를 발굴하고자 그는 노력을 아끼지 않았다.

  1950년대 말 『이것이 인간인가?』를 독일어로 번역 출간하
기로 했을 때, 레비는 옮겨지는 과정에서 자신의 진의가 왜곡

---

[*]   앞의 책, 165쪽부터.

될까 걱정했다. 수용소에서 독일어를 배웠던 그는 독일어 번역가와 함께 머리를 맞대고 단어를 일일이 다듬었다.

레비가 특히 중시한 것은 무슨 이야기인지 명확하게 의도가 드러나는 전달성이다. 바로 그래서 그는 '투명한 산문'을 썼다. 도대체 무슨 이야기인지 알쏭달쏭한 '어두운 시', 아우슈비츠를 주제로 쓴 암호 같은 시는 증언 기록이 지켜야 할 윤리와 거리가 멀었다. 이를테면 오스트리아 출신의 유대인 시인 파울 첼란Paul Celan이 쓴 「죽음의 푸가Todesfuge」는 수용소가 어땠는지 전혀 알려주지 않는다.

레비는 이따금 시적인 표현을 쓰고 싶은 충동을 느낀다고 말하면서도 '아폴론의 질서'를 놓지 않았다. 이는 아우슈비츠 증언을 기록하면서 '디오니소스의 열정'에 사로잡히지 않도록 주의했다는 뜻이다. 이처럼 독자 친화적으로 썼음에도 1947년에 레비가 발표한 『이것이 인간인가?』는 전쟁이 끝난 지 얼마 되지 않은 어수선한 시기에 어두운 그늘에 묻혀 세상의 빛을 보지 못했다. 책은 1957년에야 2쇄를 찍었으며 1961년에 마침내 독일어 번역판이 나왔다.

프리모 레비 1947년에 책이 처음으로 출간되었고 2,500부의 초판을 찍었다. 비평가들은 나쁘지 않은 반응을 보였으나 판매는 저조했다. 남은 600부는 미판매 부수를 보관해두는 피렌체의 한 창고에서 먼지만 뒤집어쓰다가 1966년 가을 홍수로 소실되었다. 10년간의 이른바 '가사 상태'에서 책이 다시금 생기를 얻은 것은 1957년 출판사 에이나우디Einaudi 가 복간을 결정한 덕이다.

이런 지지부진한 출발에도 책은 나름대로 길을 열어나갔다. 8~9개 국어로 번역되었으며 이탈리아는 물론 외국에서도 방송과 연극으로 각색되었고, 헤아리기 힘들 정도로 많은 학교에서 토론의 대상이 되었다. (…) 1959년 한 독일 출판사가 판권을 사들였다는 소식을 들었을 때는 무어라 형언하기 힘든 벅찬 감회가 느껴졌다. 드디어 싸움에서 이겼구나. 나는 이 책을 특정 독자를 염두에 두고 쓰지는 않았다. (…) 그러나 저작권 계약이 체결되었다는 소식을 듣는 순간, 그동안 모호하게만 품어왔던 생각을 확실히 정리할 수 있었다. 나는 이 책을 이탈리아어로 썼다. 이탈리아 사람들을 위해, 젊은 세대를 위해, 아무것도 모르거나 알고 싶어 하지 않는 사람들을 위해, 아직 태어나지 않은 생명을 위해, 직접 원했든 아니든 이런 고통이 빚어지게 허락한 사람들을 위해 썼다. 하지만 이제 이 책을 읽어야 할 진짜 독자가 누구인지 확실히 깨달았다. 이 책은 독일인이 읽어야 한다. 드디어 총이 장전되었다.[*]

* * *

만신창이가 되기는 했지만 삶의 의지를 불태우며 수용소에서 나온 레비와는 다르게, 아메리는 영국군에게 해방된 뒤에도 갈수록 더 세상을 부정적으로 보았다. 나중에 그는 몸

---

[*] 프리모 레비, 『가라앉은 자와 구조된 자』, 177쪽부터.

과 마음을 완전히 약탈당한 채 발을 디딘 자유의 땅이 어디가 어딘지 방향을 잡을 수 없었으며, 어디로 발을 내디디든 바닥이 푹 꺼져버릴 것만 같았다고 썼다. 아메리는 옛 고향 빈으로 돌아가지 않고 망명지 브뤼셀에 그대로 남았다. 오스트리아 출신의 마이어는 고단하기만 한 피난의 길에서 영원히 죽어버렸다고 그는 나중에 썼다.

아메리의 전기를 썼으며 전집을 편찬하는 중요한 업적을 이룩한 이레네 하이델베르거레오나르트에 따르면 이 망명자가 얼마나 고향을 그리워했는지 분명히 알 수 있다.* 오스트리아 출신의 마이어는 '죽은 사람'이라고 선포했던 아메리는 마침내 자신의 생애를 최종적으로 마감할 장소로 고향을 고르고 오스트리아로 돌아갔다. 그러나 자유 죽음을 실행하기까지 그는 벨기에에서 살았다. 벨기에에서 나치스에 끌려간 2만 5,437명의 유대인 가운데 생존자는 615명이었으며 한스

---

* 다음 자료를 참조할 것. 이레네 하이델베르거레오나르트, 『장 아메리』, 129쪽.

마이어는 그중 한 명이었다.

2년 동안 그는 무엇보다도 레기네를 생각하며 살아남을 의지를 다졌다. 『죄와 속죄의 저편』에 썼듯, 문명사회로 돌아왔을 당시 "45킬로그램의 체중에 갈빗대가 불거져 꼭 얼룩말처럼 보이는 몰골"*을 한 아메리는 레기네를 찾아 헤맸다. 아내가 이미 1945년 4월에 심정지로 사망했다는 사실을 그는 6년이 지나서야 비로소 알았다. 이 시기에 그가 쓴 단편적인 글은 대개 잃어버린 사랑을 주제로 다룬다. 개인적인 시련과 아픔을 곱씹느라 홀로코스트는 일종의 배경음으로 느껴질 정도다.

당시만 해도 아메리의 눈에 아우슈비츠는 '집단이 겪는 운명'으로 보였으며, 그는 이 운명에 자신의 개인사를 덧붙이고 싶지 않았다. 문화 산업과 황색 저널리즘은 아우슈비츠의 참상을 오로지 개인이 당한 이야기인 것처럼 도배했다. 다른 한편으로 생환자, 특히 유대인이 그동안 무슨 일을 겪었는지 아

• 　다음 자료를 참조할 것. 장 아메리, 『죄와 속죄의 저편』, 89쪽.

무도 알고 싶어 하지 않았다. 이런 배경을 염두에 두고 보면 왜 아메리가 수용소와 유대인의 운명을 본격적인 주제로 다루기 꺼렸는지 알 수 있다고 하이델베르거레오나르트는 진단한다. 오로지 흥미로운 개인사로 읽고 던져버리는 세상의 작태는 너무나도 혐오스러웠으니까.[•]

독일제국이 패망하고 독일 민족이 다른 민족들에게 천덕꾸러기 취급받던 '0시', 곧 새로운 출발점에서 아메리는 잠시나마 역사가 순리대로 흘러간다고 만족해했다. 드디어 정의를 바로잡을 기회가 주어졌다고 믿었기 때문이다. 그러나 이미 1950년대부터 그는 희망이 환멸로 바뀌는 쓰라림을 맛봐야만 했다. '감자밭과 폐허의 독일'[••]은 언제 그랬냐는 듯 패망을 떨치고 일어났다. 승전국들은 어제의 숙적을 감싸며 먹여 살렸다. 새롭게 빚어진 대치 상황, 이른바 '냉전'의 서막을 여는 세력 구도 재편성에서 승전국들은 독일을 새로운 동맹으

• 다음 자료를 참조할 것. 이레네 하이델베르거레오나르트, 『장 아메리』, 90~93쪽.

•• 다음 자료를 참조할 것. 장 아메리, 『죄와 속죄의 저편』, 123쪽.

로, 적과 맞설 전선으로 삼았기 때문이다.

과거의 잘못을 참회하는 분위기는 그 어디에서도 찾아볼 수 없었다. 그 대신 다시 형편이 좋아진 독일에서 사람들은 아메리에게 왜 끝도 없이 그런 비난을 하냐며 손가락질을 해댔다. 괜스레 분란만 조장하려는 훼방꾼, 마치 빚을 갚을 수 없으면 살점이라도 내놓으라고 윽박지르는 샤일록이라며 곳곳에서 자신을 손가락질하는 것 같은 느낌, '그저 복수심에 불타는 유대인'이라는 진부한 반유대주의가 다시 기승을 부린다는 느낌에 아메리는 허탈한 환멸을 맛보았다.

거의 주목받지 못한 책 『현재의 탄생Geburt der Gegenwart』 (1961)에서 '제3제국의 그늘에서'라는 제목의 장을 보면 아메리는 과거의 잘못을 완전히 잊고 기고만장해진 경제 기적 국가 독일을 두루 돌아본 경험담을 들려준다.

장 아메리 옆 테이블의 두 신사가 나누는 대화를 굳이 엿들으려 한 것은 아니었다. (…) 그들은 어떤 사업을 이야기했다. 무슨 '가처분 명령' 운운하는 말투는 '지도자 명령'이나 '제국의 기밀'과 같은 울림을 주었다. 저들의 눈빛은 당시 그대로였다. 잘 맞는 양복에 속지 말자. 저들은 민간인이 아닐 것이다. 돼지가죽으로 만든 서류 가방은 군복과 가죽 혁대와 단검을 숨긴 위장이 아닐까? 바닥에 고무창을 덧대 발걸음 소리가 나지 않는 구두는 군홧발을 알아차리지 못하게 만드는 음향 속임수가 아닐까? 여행을 시작한 지 2~3일밖에 지나지 않았는데 독일은 다시 익숙한 모습 그대로다.•

하지만 아메리의 글이 시종일관 비관적이었던 것은 아니며, 잠시나마 가벼운 낙관적인 분위기를 내비치기도 했다. 그는 청소년에게 희망을 걸었다. 이 젊은 세대는 아버지와 어머니 세대를 향해 어째서 그런 악행에 가담하거나 지켜보기만 했는지 해명을 요구했다. 1960년대와 1970년대에 걸쳐 활발했

• 　장 아메리, 『현재의 탄생』, 올덴/프라이부르크, 1961, 163쪽부터.

던 학생운동을 보며 아메리는 그나마 긍정적일 수 있었다. 비록 르상티망을 주제로 쓴 에세이에서 그는 자신의 일차적인 관심은 희생자의 주관적 감정을 묘사하는 것일 뿐 어떤 가설적인 정의를 요구하지는 않는다고 강조하기는 하지만, 그래도 이 문제로 정의가 바로 섰으면 하는 희망은 감추지 않는다. 독일인이 집단적 죄악을 한사코 부정할 게 아니라 단호히 과거사를 인정하고 사과한다면 "놓쳐버린 혁명의 기회를 지금이라도 되살려내 히틀러가 저지른 죄악을 지울 수 있으리라"라고 그는 강조한다.* 이런 통렬한 반성이 이뤄지기 전에는 "독일을 절대 다시 찾지 않으리라"라고 하면서.

오스트리아 여권을 다시 발급받았고 독일과 오스트리아에 친한 친구가 적지 않았지만, 이제는 그만 돌아와 살면 좋겠다는 지인들의 권유를 아메리는 번번이 거절했다. 이 실향민은 자신에게 그처럼 수모를 안긴 독일어를 버리지 않았다. 프랑스어로 글을 써도 좋지 않을까 하는 유혹이 만만치 않았지

• 다음 자료를 참조할 것. 장 아메리, 『죄와 속죄의 저편』, 143쪽.

말로 담아내기 어려운 이야기

만, 그래도 그는 모국어가 가장 편안하게 느껴졌다.

한스 마이어는 마침내 세상에서 자취를 감추었다. 여러 필명으로 실험을 거듭한 끝에 마이어는 1955년에 한스 마이어라는 이름을 버리고 '장 아메리'가 되었다. 같은 해 그는 마리아 라이트너Maria Leitner와 결혼했다. 그녀는 세상을 떠난 레기네의 가까운 친구로, 아메리는 두 여인을 각각 '병아리'와 '강아지'라 부르곤 했다.[*] 마리아는 아메리가 죽을 때까지 성심성의를 다해 그를 보살폈다.

아우슈비츠에서 돌아와 첫 20년 동안 그는 스위스 신문과 출판사의 외주를 받는 프리랜서로 일했다. 이따금 주어지는 원고 청탁으로 근근이 살았으며, 이미 망가진 몸 탓에 끝없는 병치레로 고역을 치러야 했다. 한시도 돈 걱정을 하지 않은 날이 없었다.

1960년대 중반에 접어들어서야 비로소 그는 에세이스트

---

[*] 다음 자료를 참조할 것. 장 아메리, 『서간집Briefe』, 이레네 하이델베르거오나르트·게르하르트 샤이트 공동 편집, 전집 제8권, 슈투트가르트, 2007, 53쪽.

로 필명을 떨치면서 독일 독자에게도 이름을 알렸다. 쥐트도이치 룬트풍크Süddeutscher Rundfunk의 작가이자 기자인 헬무트 하이센뷔텔Helmut Heißenbüttel은 장 아메리의 에세이 다섯 편을 '죄와 속죄의 저편에서: 압도당한 사람의 극복 시도'라는 제목으로 연달아 방송했다.[•] 이 방송 원고는 나중에 책으로 출간되었다.

하이센뷔텔의 적극적인 도움 덕에 아메리는 실력을 인정받는 작가의 반열에 올랐다. 그는 『예루살렘의 아이히만』에서 한나 아렌트가 나치스의 악행 원인을 평범한 속물의 진부함에서 찾은 것을 두고 그녀가 '유리 상자' 안에 앉은 아이히만을 보고 지어낸 이야기라고 신랄하게 비판했다. 그리고 프랑크푸르트에서 열린 아우슈비츠 재판, 특히 프리모 레비의 책에 동기를 얻어 마침내 그 자신도 전쟁의 극복을 시도하기 위해 나서야 한다고 결심하게 되었다.

• 헬무트 하이센뷔텔(1921~1996)은 독일의 작가이자 비평가다. 약 20년 동안 독일 남부 슈투트가르트에 본부를 둔 공영방송 쥐트도이치 룬트풍크에서 일하며 '라디오 에세이'라는 프로그램을 운영했다(옮긴이).

말로 담아내기 어려운 이야기

＊＊＊

물론 아우슈비츠 논의의 물꼬를 튼 사람은 프리모 레비다. 관련 토론은 레비의 보고서를 주로 참조했다. 그러나 아메리는 레비와는 다른 지평을 열고 싶었다. 당시 두각을 드러낸 장르는 에세이다. 아메리의 문장은 수용소의 실상과 그곳에서 행해진 고문의 참상을 거침없이 고발한다. 레비는 아메리의 묘사 방식에 전혀 동의하지 않았으며, 아메리의 글을 지나치게 "신랄하며 냉혹하다"라고 보았다. 반대로 아메리는 레비의 글이 너무 유약하며, 애초부터 "용서하기로 작정한 인상"을 준다고 꼬집었다.[•]

아메리는 자신이 품은 '르상티망'과 본격적으로 대결을 벌이고 싶었다. 니체와 정신병리학과는 반대로 그는 혹독했던 경험을 바탕으로 르상티망을 규정하고 이를 승화할 올바른

• 다음 자료를 참조할 것. 이레네 하이델베르거레오나르트, 『장 아메리』, 94쪽부터.

방법을 찾고 싶었다. 용서와 잊음은 선택지가 아니다. 아메리는 르상티망을 '인간답게 살아갈 도덕'[*]을 깨우칠 도구로, 이제 공소시효가 지났으니 과거는 잊자고 주장하는 대중의 살갗에 꽂을 가시로 키우고 싶었다. 그는 사회를 뒤흔들고 싶었다. 범죄가 범인에게 도덕의 책임을 각성시키는 부동의 현실로 자리 잡기 위해서는 이런 충격요법이 꼭 필요하다고 보았다.

레비와 아메리 양쪽 다 친분이 있었던 지방의회 의원 헤티 슈미트마아스Hety Schmitt-Maaß는 두 남자의 이런 견해 차이를 중재하고자 했다. 아메리에게 쓴 편지에서 그녀는 레비가 너그러운 성품에 유머 감각도 뛰어나다고 하면서 "르상티망으로부터 완전히 자유로워 보이는 인상"을 받았다고 썼다.[**]

장 아메리 선생님이 프리모 레비와 만났다는 소식

---

[*] 다음 자료를 참조할 것. 장 아메리, 『죄와 속죄의 저편』, 127쪽.
[**] 헤티 슈미트마아스가 1967년 9월 10일 장 아메리에게 보낸 편지. 다음 자료에서 재인용함. 이레네 하이델베르거레오나르트, 『장 아메리』, 94쪽부터.

에 (…) 가슴이 뭉클했습니다. 저는 그를 아우슈비츠 이후의 레비로 알고 있습니다. 모노비츠의 수용소 막사에서 만났던 레비와는 전혀 다른 인물이죠. (…) 우리는 단 한 번 편지를 주고받았습니다. 그런데 우연히도 저는 그가 내 책 『죄와 속죄의 저편』을 읽고 무슨 존재론적 장광설에 빠져 죽을 것만 같다고 완전히 몰이해한 서평을 읽었습니다. 레비와는 반대로 저는 용서할 마음의 준비가 되어 있지 않습니다. IG 아우슈비츠에서 지도자 행세를 하며 거만하게 굴던 양반들을 저는 용서할 수 없습니다. 하지만 이런 이야기는 그만하죠.[•]

사샤 포이허르트 레비와 아메리 두 사람은 독일에서 아우슈비츠를 두고 벌어진 논의에서 그 누구도

[•] 장 아메리가 헤티 슈미트마아스에게 1967년 9월 28일에 보낸 편지. 앞의 책, 94쪽.

대체할 수 없을 정도로 독보적인 위치를 차지했다. 그리고 레비의 글은 확실히 아메리의 에세이보다 더 널리 읽히고 많이 인용되었다. 아메리의 에세이는 대단히 높은 수준이라 일반 대중이 쉽게 이해하기 힘들었다. 바로 그래서 독일 여론은 레비를 더욱 반겼다. 무엇보다도 레비는 그 누구보다도 화해의 분위기를 짙게 풍겼기 때문이다.

두 사람의 책을 모두 읽었고 IG 파르벤의 지도자 가운데 한 명이었으며 레비를 '휴먼'으로 기억하는 한 독자에게 보낸 편지에서, 아메리는 책들을 읽은 서평이 달라지는 원인을 나름대로 다음과 같이 진단한다.

장 아메리 저는 선생님이 프리모 레비의 책, 저 역시 매우 귀중한 자료로 평가하는 그 책이 제 책보다 더 큰 호소력을 가진다고 보신 점을 충분히 이해합니다. 레비가 화해에 더 적극적인 자세를 보이는 이유는 아무래도 그가 이탈리아인이라서 그런 게 아닐까 하고 짐작해봅니다. (…) 저는 독일 교육을 받았으니까요. 이게 무슨 말인지 대략 알기 쉽게 풀어보자면 이렇습니다. 어떤 식당, 우리가 전혀 가고 싶지 않은 식당이 우리의 출입을 금지한다고 해도 우리는 신경조차 쓰지 않겠지요. 그런 식당에는 관심이 없으니까요. 그러나 우리가 즐겨 찾는 단골 식당의 주인이 우리를 내쫓는다면 이야기가 달라지죠. 별로 가고 싶지 않은 식당과 단골 식당의 차이가 우리의 견해 차이를 만드는 게 아닐까요.•

레비는 고향과의 연이 끊어졌다가 다시 이어진 반면, 아메리는 고향에서 쫓겨났다. 레비는 당연한 일처럼 고향 이탈리아로 돌아가 피에몬테 유대인 공동체의 문화에 다시 녹아들

• 장 아메리가 페르디난트 마이어Ferdinand Meyer 박사에게 1967년 10월 16일에 보낸 편지, 앞의 책, 95쪽.

었지만, 아메리는 고향으로부터 계속 따돌림을 당했다. 더욱이 '유대인'은 그의 정체성이 아니었다. 휴머니즘 교육을 받은 시민의 아들 레비와 프롤레타리아 독학자이자 장 아메리라는 이름의 한스 마이어는 이처럼 전혀 다른 세상에서 살았다.

물론 레비도 토리노의 반유대주의에 시달리기는 했지만 주변에서 베푸는 적잖은 도움도 경험했다. 심지어 부나에서조차 그는 이탈리아 출신 노동자 로렌초Lorenzo의 도움을 받아 휴머니즘에 거는 신뢰를 잃지 않고 지켰다. 반대로 아메리는 오스트리아와 독일에서 막무가내식의 집단적 증오에 시달렸다. '재앙을 부르는 유대인'이라는 우격다짐의 정체성, 남이 자신에게 말도 안 되게 뒤집어씌운 정체성으로 그는 속이 상한 나머지 우울증에 시달리며 르상티망을 품었다.

장 아메리 하지만 우리 희생자는 누구나 고유한 경험을 했다. 독일이 점령한 외국 땅에서, 독일 내에서, 공장에서 일하거나 감옥 또는 수용소에 사로잡혀 갖은 수모를 당하거나, 독일 국민 한복판에서 그 위중한 시기를 법적 지위를 부여받지 못한 불법 존재로 숨어 살며 한 경험이 모두 같을 수야 없지 않은가. 바로 그래서 나는 정권이 저지른 범죄가 독일 민족이라는 집단의 범행으로 보였다고 말했으며 지금도 그렇게 말할 수 있다.

제3 제국에 살면서 제3 제국에 동조하지 않은 사람, 침묵으로 방관했든, 친위대 대장 라카스Rakas를 못마땅한 눈길로 노려보았든, 우리를 보며 연민의 미소를 지었든, 부끄러운 나머지 두 눈을 질끈 감았든, 아무튼 나름대로 소소한 저항을 한 사람들조차 많지 않았다. 나의 이런 통계, 뭐 정확한 숫자를 거론할 수는 없는 통계지만 이 통계는 정권의 범죄가 민족의 범행은 아니었다고 말할 근거를 조금도 제시하지 못한다.[*]

---

[*] 장 아메리, 『죄와 속죄의 저편』, 135쪽.

프리모 레비는 지나치게 '용서'에 매달린다는 비난에 격한 반응을 보였다. 자신의 관심은 복수가 아니라 오로지 정의를 바로 세우는 일이라면서. 무엇보다도 독일인이 어쩌다 그런 지경에 이르렀는지 정확히 파악하는 게 우선 과제라고 그는 강조했다.

하지만 아메리는 '유대인이 아니라고 할 수 없는 유대인', 곧 '유대인이라고 싸잡아 공격당한' 희생자의 생활세계가 어떤지 그 속내를 밝혀주고 싶었다. 집단의 광기, 기독교에 물든 사회의 병적인 세계관 어쩌고 해가며 반유대주의를 해석하는 일은 그의 관심을 조금도 끌지 못했다. 유대인 혐오는 역사학자와 사회심리학자가 신경 써야 할 일이라면서. 아메리는 유대인으로 혐오받는 인간의 조건을 밝히는 현상학에 더 집중하고 싶었다.

아우슈비츠 생존자들의 논쟁은 '르상티망 대 용서'와 '인류가 반면교사로 삼아야 할 교훈 대 아무 의미가 없는 인류 최악의 막장'의 대립에만 매달리지는 않았다. '아우슈비츠의 지성인'이라는 제목의 에세이(아메리가 죽고 몇 년 뒤에 나온, 그가

말로 담아내기 어려운 이야기

사망하기 얼마 전에 발표한 에세이)에서 레비는 아메리에게 경의를 표하면서도 짚을 것은 확실히 짚어야 한다고 강조한다.[*]

레비는 무엇보다도 아메리가 구사하는 지적인 언어가 못마땅했다. 인문학에 초점을 맞춘 아메리의 개념어를 화학자 레비는 도대체 무슨 말인지 이해하기 힘들었다. 그러나 평생 실증주의에 충실했던 아메리는 자연과학에 늘 경탄을 아끼지 않았다. 인문학이 과학을 상대로 저울질할 수 있는 건 별로 없다고, 아메리는 청소년 시절부터 우정을 가꿔온 가장 친한 친구이자 오스트리아인인 에른스트 마이어Ernst Mayer에게 보낸 편지에 썼다.[**]

향토애를 노래하는 시를 암송할 수는 있지만, 전기 합선이 어떻게 일어나는지 모르는 사람이 지성인을 자처하는 것은 자기 얼굴에 스스로 먹칠하는 것과 다르지 않다고 아메리는 어느 대목에서 넋두리처럼 늘어놓는다. 이런 표현은 그가 아

---

[*] 다음 자료를 참조할 것. 프리모 레비, 『가라앉은 자와 구조된 자』, 133~156쪽.

[**] 다음 자료를 참조할 것. 장 아메리, 『서간집』, 79쪽.

우슈비츠에서 자신의 정신적 아비투스가 아무 쓸모 없는 것이었음을 처절하게 곱씹는 아픔을 고스란히 드러낸다. 레비는 아메리가 지적인 우월함을 뽐내려 굳이 어려운 개념어를 쓴다고 비난했지만, 이는 명백히 오해다.

개념 문제 외에도 두 사람이 대립한 지점은 또 있다. 아메리는 폭력에는 폭력으로 맞서야 한다고 기회가 있을 때마다 강조했지만, 레비는 이를 매우 못마땅하게 여겼다. 아메리가 브렌동크에서 게슈타포의 주먹에 맞으며 더할 수 없는 굴욕을 느꼈던 건 반격할 수 없었다는 무력함 탓이었다.

에세이 「유대인으로 살라는 강제와 그 불가능성Über Zwang und Unmöglichkeit, Jude zu sein」에서 그는 저항으로 남은 자존심이라도 지켜야 한다고 피를 토하듯 항변한다. 아우슈비츠에서 거구의 폴란드인 작업반장이자 범죄를 밥 먹듯 저지르던 한 십장은 별것도 아닌 사소한 일로 아메리를 마구 때렸다. 유대인 돼지는 이렇게 다루는 거라면서. 수용소 생활로 힘이 없었고 자신이 이길 수 없는 상대임을 잘 알았음에도 아메리는 그 영원한 투쟁심에 충실했다.

말로 담아내기 어려운 이야기

장 아메리 이 순간, 나는 더할 수 없는 선명함으로 사회를 상대로 한 나의 오랜 항소심에서 한발 더 나아가는 것은 오로지 나 자신에게 달렸다는 점을 깨달았다. 나는 남은 모든 힘을 쥐어짜 (…) 십장 유스체크Juszek의 얼굴에 주먹을 날렸다. 그의 턱을 때리는 주먹은 나의 존엄성이다. 결국 그는 몸으로 상대가 되지 않는 나를 올라타고 무차별적으로 구타했다. 하지만 이런 구타는 아무 의미가 없다. 나는, 얻어맞아 아프기는 했지만, 나 자신에게 만족했다.•

자신은 파르티잔 재목이 아니었으며 그저 흉내 내기에 급급했다고 실토한 바 있는 레비는 불굴의 투쟁심을 자랑하는 아메리에게 경의를 표하기는 하지만, 못마땅함 역시 숨김없이 드러낸다.

• 　장 아메리, 『죄와 속죄의 저편』, 161쪽부터.

프리모 레비 나는 상아탑을 벗어나 과감하게 현실의 투쟁에 매진하려는 용감한 결정을 내린 아메리에게 경탄을 금치 못하기는 하지만, 예나 지금이나 폭력은 거부한다. 용기가 부럽기는 하지만 나는 그런 결정, 아우슈비츠 이후에도 그가 평생에 걸쳐 흔들림 없이 지켜낸 그 결정이 그처럼 완고하고 굽힘 없는 태도를 낳았다고 확신한다. 그런 탓에 그는 인생을 살면서, 아니 인생 자체에 아무런 기쁨을 느낄 수 없었다. 전 세계를 상대로 복싱을 하는 사람은 자존감은 누릴지 모르나 너무 비싼 대가를 치러야 한다. 언젠가는 패배할 수밖에 없기 때문이다.•

레비는 죽음을 얼마 남겨놓지 않은 시점인 1980년대 중반에 이 글을 썼다. 작가 W. G. 제발트Winfried Georg Sebald는 레비가 아메리의 자유 죽음에 충격을 받은 나머지 그와는 무조

• 프리모 레비, 『가라앉은 자와 구조된 자』, 143쪽.

말로 담아내기 어려운 이야기

건 거리를 두어야겠다는 압박감을 느꼈을 것으로 짐작한다.*

이 글에서 레비는 죽은 아메리에게 무례하다 싶을 정도로 인생은 무슨 일이 있어도 살아내야만 하는 것이라고 강조한다. 제발트는 아무래도 레비가 자신의 죽음을 예감했기에 이처럼 강한 논조를 선보였다고 주장한다. 모든 면에서 낙천적 성격을 자랑한 레비는 아메리가 거침없이 비관적 태도를 드러내는 걸 죽음의 어두운 소용돌이로 여기고, 혹시 거기에 자신이 빨려드는 건 아닐까 두려워했다는 것이 제발트의 진단이다.**

사샤 포이허르트 나는 레비가 보는 아메리는 괴테가 보는 클라이스트와 같다는 하이델베르거레오나르트의 비교가 상당히 정확하다고 본다.*** 나는 레

---

* W. G. 제발트(1944~2001)는 독일의 작가로 트라우마에 시달리는 인간 영혼을 치유하는 데 주력하는 작품을 주로 썼다(옮긴이).

** 다음 자료를 참조할 것. W. G. 제발트, 「장 아메리와 프리모 레비Jean Améry und Primo Levi」, 이레네 하이델베르거레오나르트 편집, 『장 아메리 평전: 최신 문학사 고찰Über Jean Améry, Beiträge zur neueren Literaturgeschichte』, 제 102, 103권, 하이델베르크, 1990, 115~124쪽, 인용은 119쪽.

*** 다음 자료를 참조할 것. 이레네 하이델베르거레오나르트, 『장 아메리』, 101쪽.

비가 아메리의 입장이 옳은 것은 아닐까 두려워했다고 보지는 않는다. 하지만 아메리의 치열한 비판 정신과 투쟁적 태도를 레비가 내심 부러워하며 위협적으로 느낀 것은 부정할 수 없는 사실이다. 레비가 인생의 말년에 그처럼 격렬하면서도 집중적으로 아메리를 비판하며 대결을 서슴지 않았다는 사실만으로도 아메리의 생각과 행동에 레비가 깊은 영향을 받은 것을 알 수 있다.

* * *

아메리가 비관론자이기만 했던 것은 결코 아니다. 늘 어제에 붙들려 있기는 했지만 그는 더 나은 내일을 희망했다. 아메리는 수용소에서 생환하고 곧바로 실존주의를 발견했다. 그는 사르트르를 아버지처럼 우러러보았다. 그러나 프랑스로 가고 싶다는 유혹을 이기고 브뤼셀의 망명자로 남았다. 파리에서 그는 오로지 '울타리 너머 구경꾼'으로만 실존주의에 열광할 수밖에 없음을 예감했기 때문이다.

죽어서야 비로소 굳어질 뿐 살아서는 유동적인 자유를 자랑하는 실존이라는 생각, 우리는 과거가 응축된 본질을 지켜야만 하는 의무를 진 존재가 아니라 가능성의 총합이라는 발상은 아메리에게 구원의 약속이 되었다. 인간다움이 실제로 '일어나는 때'는 과거가 아니라 미래다. 그 무엇으로도 고착되지 않은, 유동적이고 불특정한 존재로서 우리는 자유롭게 살도록 저주받았다.

아메리는 인간의 자유가 송두리째 빼앗긴 곳에 붙들려 있었다. 나치스는 그를 오로지 몸뚱이로만 격하시키고 걸어 다니는 송장으로 만들었다. 이제 그는 자신을 물건 취급하던 세상에서 무엇이든 될 수 있는 자유의 세계로 풀려났다. 인간이 단순히 고정된 본질의 노예가 아니며 언제라도 자신의 기획으로 실존할 수 있다는 실존주의에, 고문과 포로 생활에 시달려온 그는 정신이 번쩍 깨어나는 전율을 느꼈다.

장 아메리 나는 죽은 이들 가운데서 일어섰다. 나는 그야말로 아무것도 아니다. 가진 것이라야 말라비틀어진 몸뚱이뿐인 빈털터리다. 몸은 앙상하게 여위어 자선단체가 제공한 옷이 헐겁고 볼썽사납게 걸릴 따름이다.

나는 아무것도 없는 빈털터리이지만, 사르트르의 자유 덕분에 모든 것이 될 수 있다. 내가 아직 그 안에서 활보하지 못하는 실존주의라는 집, 그 변증법을 이 전쟁이 끝나고 맞이하는 첫 몇 날 몇 달에 내가 10분의 1도 이해하지 못한 실존주의, 나는 저 멀리 독일이라는 어두운 숲에서 순수논리라는 아무 꾸밈이 없는 황량한 황야에 지나지 않는 독일어권 출신이라 이해할 수 없는 실존주의는 삶의 굶주림에 시달리던 내게, 그 숱한 죽음을 겪으며 그때마다 임시로 부활할 때 나를 격하게 괴롭히던 삶의 굶주림을 채워줄 지극히 개인적인 철학이 되었다.•

•　장 아메리, 『마이스터답지 않은 편력 시대』, 274쪽.

그러나 자유는 참으로 애매하기 짝이 없는 개념이다. 원한다고 마음껏 누릴 수 없으며, 한번 주어졌다 해서 방심할 수 없게 만드는 것이 자유다. 자유가 두려움과 맞물려서 그런 것은 아니다. 사르트르가 말하듯 타인은 지옥이기 때문이다. 타인이 바라보는 눈길, 이러쿵저러쿵 떠드는 입방아 그리고 실제 휘두르는 폭력으로 자유는 속절없이 무너져버린다. 이런 사실을 아메리만큼 잘 아는 사람이 또 있을까. 이미 1934년에 발표한 데뷔 소설에서 아메리는 사회가 자신을 어떻게 바라보고 멋대로 품평하며 너의 본질은 이것이라고 못 박는 폭력을 행사했는지 묘사한 바 있다.

사르트르는 『유대인 문제 성찰Réflexions sur la question juive』(1954)과 희곡 『닫힌 사회Huis clos』(1944) 그리고 대표작 『존재와 무L'Être et le néant』(1943)에서 '시선'이라는 현상을 다룬다. 인간은 타인의 시선 탓에 물건으로 전락하고 만다. 타인의 시선은 인간을 옭아매 제멋대로 규정하고, 이 규정에 따른 대상

• 　장 아메리, 『난파선』, 21쪽부터.

으로 만든다. 반유대주의자는 유대인을 지어내 상대에게 너는 유대인이니 너 자신도 그렇게 보라고 윽박지른다. 한스 마이어는 고문을 받아 몸이라는 물건이 되기 전에 이미 너는 유대인이라고 객관화를 당했다. 아메리는 이처럼 사르트르의 책들을 읽으며 자신의 상황을 파악하려는 철학의 방법으로 삼았다.*

그러나 '나는 나 자신을 이렇게 평가한다'는 따위의 말은 사회의 판단 앞에서 아무 쓸모가 없다. 독일뿐만 아니라 세계 어디서나 아메리는 '너는 유대인이야'라는 눈길에 속수무책으로 당했다. 그는 타인의 심판 앞에서 체념했지만 동시에 그 심판에 저항했다. 너희는 유대인을 원하는구나. 너희는 유대인을 가져야 직성이 풀리는구나. 하지만 나는 싸워보지도 않고 포기하지는 않으리라. 아메리는 타인이라는 적이 찍는 낙인을 발판 삼아 자신의 투지를 다졌다.

---

* 다음 자료를 참조할 것. 루카스 브란들Lukas Brandl, 『아우슈비츠 이후의 철학: 장 아메리의 주체성 방어Philosophie nach Auschwitz. Jean Amérys Verteidigung des Subjekts』, 빈, 2018, 23~26쪽.

장 아메리 하지만 존엄성을 짓밟힌 인간, 죽음의 위협에 시달리는 인간은 자신의 존엄함을 사회에 확실히 각인시킬 수 있다. 운명에 당당히 맞서 저항하려 떨쳐 일어서는 인간은 타인이 이러쿵저러쿵 심판하는 논리를 무너뜨린다. (…)

나는 유대인으로 살라는 운명을 감당하련다. (…) 결국 나는 나를 비롯해 같은 처지에 있는 사람들이 무엇을 잊었는지, 도덕적 저항보다 훨씬 더 중요한 것이 무엇인지 다시금 깨달았다. 반격하자. (…) 세상의 사형선고, 곧 세속적 판단의 전제조건은 너는 유대인이며 유대인은 죽어야 한다는 논리를 당연한 것처럼 내세운다. 이런 논리에 굴복해 내면으로 도피하는 것은 굴욕이다. 물리적 힘으로 맞서야 한다. (…) "유대인이 아니라고 할 수 없는 유대인"인 나는 유대인이다. 이것이 운명이라면 나는 유대인으로 당당하게 살기 원한다.˙

사르트르가 말하는 실존의 의미에 충실하게 아메리는 자신이 사회적으로 어떤 존재여야 하는지 스스로 골랐다. 그래야만 진정성을 가지고 당당히 삶을 향해 나아갈 수 있기 때문이다. 알베르 카뮈Albert Camus의 시시포스와 마찬가지로 아메리는 자신의 인생이라는 커다란 바위를 지치지 않고 꾸준히 산 위로 밀어 올려야 한다는 필연성을 인정했다. 그러나 유대 민족이 무엇인지 알지 못함에도 유대인으로 살아야 하는 실존을 선택한 아메리는 사회에 저항할 수밖에 없었다. 외부 세계에 자신의 내면을 맞추는 일은 피할 수 없이 깊은 우울증을 불러일으켰기 때문이다.

장 아메리 유대인으로 산다는 것은 어제 일어났고, 내일도 일어나지 않는다고 할 수 없는 재앙을 내 안에 담고 있다는 것만 뜻하는 게 아니다. 유대인으로 산다는 것은 내가 감당할 수 없는 두려움이기도 하

• 　장 아메리, 『죄와 속죄의 저편』, 159~167쪽.

다. (…) 1935년 편안하게 잠을 자다 깨어난 이후 나는 다시는 편안한 잠을 이루지 못한다. (…)

세상이 근원적으로 올바르게 굴러간다는 믿음을 잃은 지금 나는 유대인으로 홀로 외롭게 서서 주변에 타인으로 겉돌 뿐이다. 내가 할 수 있는 것이라고는 타인으로 살아가는 인생에 맞추는 적응일 뿐이다. 나는 주변과 섞일 수 없는 타인을 내 인격의 본질로 감당하기로, 그저 견디기로, 마치 내다 버릴 수 없는 소유물처럼 여겨야만 한다. 날마다 늘 외로운 나 자신을 발견한다. (…)

내 주변의 사람들은 당시 나를 고문하던 사람처럼 적으로 보이지는 않는다. 그들은 나와 더불어 사는 사람이다. 다만 나와 상관없는 사람일 뿐이다. 그리고 언제라도 위협적으로 돌변할 수 있으리라. 나는 아무런 적대감을 보이지 않고 인사말을 건네며 그들을 지나친다. 나는 그들을 보고 멈춰 서지 않는다. 오로지 나는 도저히 긍정적으로 받아들일 수 없

는 유대인, 나의 짐인 유대인 그러나 동시에 나를 받

쳐주는 기둥인 유대인 앞에 멈춰 설 뿐이다.*

    사르트르의 자유와 주체 철학을 아메리가 중시한 또 다른 이유는 자유가 필연적으로 책임을 수반하기 때문이다. 책임은 언제나 개인의 몫이다. 주변 정황 탓에, 지도자의 명령으로 어쩔 수 없었다는 말은 변명에 지나지 않는다. 그저 명령을 수행했다는 말로 면죄부를 받을 수 있는 아이히만은 이 세상에 없다. 바로 그래서 아메리는 개인이라는 주체를 사회 전체라는 구조에 종속된 것으로 보는 모든 철학을 경멸했다.

    미셸 푸코Michel Foucault와 구조주의를 아메리가 거듭해서 비판하는 이유는 바로 이것이다. 인간은 바닷가의 모래알처럼 파도에 휩쓸릴 뿐이라는 구조주의의 저 유명한 비유, 푸코의 제자들이 행동하는 주체에게 조롱하듯 조종을 울리면서 사회 전체를 이길 수 있는 개인은 없다며 의기양양해하는 비

---

*   앞의 책, 168~170쪽.

        말로 담아내기 어려운 이야기

유에 아메리는 분통을 터뜨렸다.[*] 개인의 모든 행동이 사회 구조 탓에 다른 선택의 여지를 가지지 않는다면 책임져야 할 사람은 아무도 없다.

아도르노Adorno와 호르크하이머Horkheimer 역시 아메리의 비판을 받았다. 아도르노는 아메리의 에세이에 깊은 인상을 받았다고 밝혔음에도 비판에서 벗어날 수 없었다. 아우슈비츠를 자본주의의 병폐로 설명하려는 시도, 무엇보다도 생산 관계의 인간 파괴적인 경향이 홀로코스트를 초래했다는 진단을 아메리는 인정할 수 없었다. 자본주의를 극구 비판해온 아메리였지만 아도르노와 호르크하이머의 관점은 또 다른 구조주의, 곧 사회 전체를 개인보다 우선시하는 오류를 저지르기 때문이다. 시민 민주주의가 파시즘이나 심지어 국가사회주의와 다른 지점을 명확하게 짚어내지 못하는 사람은 '하켄크로이츠Hakenkreuz'에 고통당하는 사람의 아픔을 전혀 모른다.

• 다음 자료를 참조할 것. 루카스 브란들, 『아우슈비츠 이후의 철학』, 137쪽부터.

아메리는 일각에서 주장하듯 홀로코스트를 근대에서 중세로의 퇴행으로 보지 않았다. 홀로코스트를 계몽에서 신비로의 '퇴행'으로 바라보는 이해는 현실을 알지 못하는 공허한 개념 놀이일 따름이다. 오히려 이성을 순전히 도구로 악용한 결과 나치스라는 괴물이 나타났다. 다시 말해서 진정한 의미의 이성이 잠들어버린 탓에 괴물의 출현을 막지 못했다.

아우슈비츠는 계몽이 만들어낸 것이 아니다. 물론 휴머니즘과 이성의 고귀한 전통 운운하는 것은 부르주아 사회가 자본주의를 포장하는 신비화이기는 하다. 하지만 휴머니즘과 이성은 아우슈비츠라는 괴물에 맞서 싸울 정신적 무기를 제공한다. 이 점에서만큼은 아메리와 레비가 의견이 일치했다.

아메리는 변증법이 개별 사건을 역사의 보편적인 흐름으로 녹여버림으로써 구체적 현실을 해체해버린다고 썼다. 아도르노의 계몽 변증법을 염두에 둔 것으로 읽히는 이 문장은 개인의 구체적 현실을 외면함으로써 가해자와 피해자가 뒤죽박죽으로 엉키게 하는 관념 놀이의 위험성을 고발한다. 구체적 현실을 도외시하고 상부구조와 하부구조 운운하면서 사회의

말로 담아내기 어려운 이야기

보편적 구조만 따지면, 가해자는 어처구니없게도 폭력이 빚어진 원인을 피해자가 제공했다고 '아래로' 떠넘기는 기묘한 상황이 벌어진다.

'변증법의 전문용어Jargon der Dialektik',• 이는 아메리가 변증법을 비판하려 쓴 에세이의 제목인데•• 이는 한쪽이 다른 쪽을 가스실로 보낸 명확한 현실, 가해자는 가해자이며 피해자는 피해자라는 지극히 평범한 현실을 부정한다. 아메리는 이분노의 비판을 쓰면서 젊은 세대에게 걸었던 희망을 이미 오래전에 접었다. 그는 독일의 대학생들이 아도르노의 글을 걸신들린 것처럼 읽어대는 태도에 놀라지도 않았다. 독일로 찾아가던 길, 그의 표현에 따르면 "라인강 건너편을 탐사하러 가던 길"에 그는 고통당한 자의 조건, 특히 유대인 희생자가 겪은 상황을 변증법이라는 거창한 역사 서술에서는 각주로만

•   'Jargon'은 전문용어라는 뜻 외에도 은어, 비속어를 의미하기도 하는 단어다(옮긴이).

••   다음 자료를 참조할 것. 장 아메리, 『변증법의 전문용어』, 이레네 하이델베르거레오나르트·게르하르트 샤이트 공동 편집, 전집 제6권, 슈투트가르트, 2004, 265~296쪽.

다룬다는 점을 확인했다.

　　장 아메리 아도르노를 비롯해 여러 철학자는 (…)
헤겔학파와 마르크스주의의 역사성 개념, 듣기만 해
도 산뜻한 울림을 주는 메시지를 줄 개념을 시급히
필요로 했다. 독일 대학생만큼 학구열이 뛰어나고
재능 있는 학생도 없으리라. 이들은 서둘러 추상적
인 역사성으로 도피함으로써 구체적인 역사, 더할
수 없는 파국으로 말미암아 지옥으로 농축된 역사
에 매몰되지 않을 길을 찾았다.

최고의 날카로운 정신력을 자랑하는 사상가께서는
독일이라는 나라에서 실제로 일어난 구체적인 사건
을 잡균 하나 없는 순수한 생각으로 걸러내 구체적
이고 개별적인 사례에 전혀 적용할 수 없는 보편적
개념을 만들어냈다. 이 개념은 알 수 없는 것, 그게
어떤 것이든 도저히 이해할 수 없는 것은 과감하게
빼버렸다. (…)

파시즘은 개념으로만 존재할 뿐 나치스 친위대 국가가 저지른 진짜 범죄, 그 어떤 것과도 혼동될 수 없는 범행은 비판적으로 고찰할 수 있는 것이 아니란다. 죽음, 사람 죽이는 선수야 어디 독일에만 있는가. 죽음은 보편적으로 파시즘이나 파쇼 성향이 빚어내는 산물이다. 실제로 벌어진 만행, 그런 구체적 만행을 두고 흥분하지 말자. 순수한 생각에 방해가 되니. 오로지 엄밀한 개념어로 이뤄지는 강의에 냉철하자. 그런데 어째 이런 강의는 동화처럼, 잔혹 동화처럼 들릴까. (…) 철학 교수들은 그저 의무를 다할 뿐이며 학생들은 배움에 충실하면 된단다. (…) 철학 세미나에는 피해자라는 주체는 사라지고 추상적인 공포만 남았다. 이로써 교수는 새롭게 부상할 지성인 세대를 키우면서 앞뒤가 딱 맞게 재단된 어휘만 쓰라고 강조하며, 오점 하나 없는 좌파 양심을 부산물로 얻었다.•

• 　장 아메리, 『마이스터답지 않은 편력 시대』, 314쪽부터.

아메리는 당시 좌파에게 앞서 언급한 맥락과는 다른 이유에서도 불편함을 느꼈다. 그는 당시 활발하게 이뤄진 반제국주의 논쟁에 이따금 반유대주의가 슬그머니 끼어든다는 점을 알아본 최초의 인물이다. 이스라엘은 흔히 억압을 일삼는 식민국가로 일말의 주저함도 없이 평가되었다. 다시 말해서 이스라엘을 악마화하고 아무런 정당성을 가지지 못하는 국가라며 이중의 잣대를 들이대는 평가가 심심찮게 이루어졌다. 나쁜 쪽은 식민지 쟁탈을 획책한 세력, 막강한 자본의 힘으로 제국주의를 밀어붙인 세력일 뿐이다. 독일은 이 식민지 쟁탈전에서 밀려 전쟁을 일으킬 수밖에 없었다.

아무튼 반유대주의로 물든 이런 반제국주의 논리를 구사한 좌파는 마르크스와 아도르노의 철학으로 무장하고 역사의 올바른 편에 선 쪽은 바로 자신이라고 팻대를 세웠다. 그러나 이 좌파는 가해자의 자녀가 아닌가. 아메리는 반제국주의 논리에 숨은 이런 기막힌 궤변을 읽어냈다.

진보를, 좋은 양심으로 무장한 진보를 자처하며 서양의 정신 역사가 만들어놓은 개념들을 꾸역꾸역 욱여넣은 배낭을

멘 좌파는 이런 식으로 반유대주의를 정의로운 사회를 이루어갈 무기로 꾸몄다. 그리고 제국주의에 희생된 새로운 피해자의 편에 서서 옛 피해자에게 너희가 제국주의라는 범행이 빚어질 씨를 제공했다고 꾸짖었다.

편을 가르는 이런 상투성은 몇 세기에 걸쳐 되풀이되는 진부한 작태다. 다만 그때그때 새로운 껍데기로 위장할 뿐이다. 이렇게 해서 일부 좌파는 늦어도 '6월 전쟁', 1967년 이스라엘과 아랍 연합군이 엿새 동안 벌인 제3차 중동전쟁 이후 안티 시온주의로 '품격 있는 반유대주의'를 이어갈 명분을 찾아냈다고 아메리는 진단한다.[•]

1969년에 아메리가 쓴 이 글은 오늘날 사회학의 반유대주의 연구 성과와 딱 맞아떨어질 뿐만 아니라, 1990년대 초부터 연방 독일의 좌파가 보여준 분열상을 정확히 예측했다는 점에서 대단히 흥미롭게 읽힌다. 비판 정신에 충실한 참다운

• 다음 자료를 참조할 것. 장 아메리, 『품격 있는 반유대주의Der ehrbare Antisemitismus』, 이레네 하이델베르거레오나르트·슈테판 슈타이너 공동 편집, 전집 제7권, 슈투트가르트, 2005, 131~140쪽, 인용은 131쪽부터.

좌파라면 반유대주의를 말로만 비판할 게 아니라 행동으로
도 보여주어야 한다고 아메리는 요구한다.

장 아메리 반이스라엘주의로 간판을 바꿔 단 반유
대주의가 좌파에 터를 잡은 것은 실제로 예전에는
볼 수 없던 새로운 현상이다. (…) 반시온주의 안에
숨은 (…) 반유대주의는 마치 먹구름 속 뇌우처럼 다
시금 두려움을 자아낼 품격을 갖추겠다고 설레발을
떤다. 그래놓고 결국 번개 치듯 쏟아내는 말이 '범죄
국가 이스라엘'이라는 저급한 속내다. 또는 예의를
갖춘답시고 점잖은 표현을 골라 한다는 말이 '제국
주의의 교두보'란다.
반유대주의는 참 쉽게도 변신한다. 공격의 소재로
삼을 감정의 인프라가 잘 구축된 탓이다. (…) 반유
대주의자는 사람들이 유대인을 싫어하는 감정을
거리낌 없이 끌어다 대며 지금껏 어떤 나라도 가보
지 않은 길을 개척하는 선구자 국가 이스라엘을 감

싼 '신비주의를 해체하려' 열을 올린다. 이스라엘이
라는 국가가 창조되는 배경에는 늘 그래왔듯 유대
인 금권정치라는 형태의 자본주의가 숨어 있다고
좌파는 새삼스레 두 눈을 부릅뜬다. (…) 유대 민족
이 숙명처럼 감당해야만 했던 역사, 곧 혐오와 반감
으로 점철된 역사에서 좌파는 굳이 또 유대인이 잘
못해서 그런 거라는 구태의연한 상투적 공격 소재
를 끌어낸다.

이처럼 진짜 가해자가 누구이고, 어느 쪽이 피해자
인지 잊어버린 책임은 좌파가 져야 한다. (…) 이런
곡해를 바로잡고 좌파의 정신적 좌표를 새롭게 설정
해야 할 순간이 찾아왔다. 반유대주의라는 품격 없
는 논리를 변증법의 품격이라고 포장한 쪽은 좌파이
기 때문이다.[*]

사샤 포이허르트 아메리는 평생 자신을 좌파로 이해하고 살았다. 그런 만큼 좌파가 반유대주의로 물들었다는 관찰, 특히 이스라엘 문제와 관련해 노골적으로 유대인에게 반감을 품고 있다는 관찰은 아메리를 정말 아프게 했을 게 틀림없다. (…) 1969년에 쓴 그의 유명한 에세이 『품격 있는 반유대주의』는 이런 아픔을 고스란히 담아낸 기록이다. 자신이 아웃사이더이며 철저히 혼자라는 확인은 아메리의 가슴을 짓눌렀다. 아픔은 이내 분노로 변했으며, 분노는 그를 격하게 흔들어놓았다.

아메리는 이스라엘의 점령 정책에 전혀 동의할 수 없다고 기회가 있을 때마다 강조해왔다. 또 그는 이스라엘과 이어지는 연도 거의 없었다. 히브리어를 할 줄 몰랐으며 기후도 불편하기만 했고 문화와 종교는 낯설었다. 그곳을 찾아간들 집처럼 편안할 수 없으며 겨울이면 생강 쿠키가 그리워지고 빈에서 열리던 크리스마스 장터를 떠올릴 게 분명했다.˙

말로 담아내기 어려운 이야기

그래도 아메리는 항상 이스라엘을 생각하며, 이 고약할 정도로 쓰라린 세상을 버티고 살아내게 해줄 실존의 기반으로 여겼다. 항상 주변의 위협에 시달리는 유대인의 작은 나라 이스라엘은 아메리에게 어제의 수용소로부터 달아나 찾아갈 수 있는 마음의 안식처였다. 그리고 내일 벌어질 수도 있는 포그롬으로부터 자신을 지켜줄 유일한 피난처이기도 했다.

'유대인으로 사는 인생' 탓에 쓰라린 고초를 겪어본 사람은 안다, 세상 그 어디에도 안전한 곳은 없다는 것을. 그리고 그 인생에서 내릴 수 없다는 점도 안다. 바로 그래서 아메리는 이스라엘이 항상 그곳에 존재해야만 한다고 보았다. 이것이 그가 이스라엘에 품는 연대감의 근원이다. 옛 친구들이 이

• 생강 쿠키gingerbread를 뜻하는 독일어는 'Lebkuchen'으로 말 그대로 '생과자'다. 독일어권에서는 이 과자를 굽는 방식이 유럽과 미국과 다르다. 글자 그대로 '생명Leben'과 '과자Kuchen'가 결합된 것으로 생기를 불어넣어 준다는 의미다. 성탄절을 3주 앞두고 도심의 가장 큰 광장에서 열리는 크리스마스 장터는 이 과자와 달인 와인을 즐길 기회를 제공한다. 이 문장은 아메리가 독일어권 문화를 고향으로 여긴다는 점을 강조한다(옮긴이).

런 배경을 이해하지 못하는 탓에 아메리는 갈수록 더 커지는 소외감을 곱씹어야만 했다.

1986년의 역사학 논쟁, 당시 독일 보수 우파를 대표하는 철학자 에른스트 놀테Ernst Nolte가 아우슈비츠를 스탈린이 굴라크에서 저지른 '아시아의 범행'에 자극받아 보인 반응이라고 해석하자, 위르겐 하버마스Jurgen Habermas를 비롯한 철학자들이 일제히 들고일어나 역사를 아무렇게나 이리저리 끌어다 대며 더럽히지 말라고 대응했다. 이 논쟁은 아메리가 죽은 뒤에 벌어졌다. 2021년의 두 번째 역사 논쟁이었던, 식민지 시대 이후의 교육을 받은 학자들이 홀로코스트를 식민주의의 민족학살로 읽어야 한다고 주장해 벌어진 논쟁 역시 아메리는 직접 지켜볼 수 없었다.

두 논쟁을 옆에서 지켜보았더라도 아메리는 조금도 놀라지 않았으리라. 심지어 이제 과거사 논란에 종지부를 찍자는 저 유명한 요구에도 놀라지 않았을 게 분명하다. 모두 그가 예측한 그대로니까. 아메리는 이미 1970년대에 '쇼아' 사건의 특수함이 약 100년도 지나지 않아 일반적인 야만 행위로 하향 평

말로 담아내기 어려운 이야기

준화하리라고 예측한 바 있다.* 그는 어느 정권이든 범죄를 저지르면 가차 없이 비판하고 학살과 식민지 범죄를 고발하는 책을 써가며 맞섰지만, 홀로코스트만큼은 다른 식민지 범죄와 비교해서는 안 된다는 견해를 분명히 밝혔다. 홀로코스트는 그 어떤 것과도 비교해서는 안 되는 유일무이한 죄악이라면서.

나치즘의 핵심은 '반유대주의는 인류 구원의 약속Erlösungsanti-semitismus'**이라고 포장한 것이라고 아메리는 간파했다. 유대인이 세계를 정복해 지배할 것이라는 음모론을 기독교의 반유대주의는 무슨 생물학적 근거라도 있는 양 그럴싸한 과학 이론으로 포장하기까지 했다. 다시 말해 나치스는 유대인을 식민 지배를 받는 '타인'이 아니라 인류의 영원한 '적'으로 보았다. 식민주의는 일차적으로 착취를 위해 고문과 살인을 저

- 다음 자료를 참조할 것. 장 아메리,『죄와 속죄의 저편』, 146쪽.
- '반유대주의는 인류 구원의 약속'은 체코 출신의 유대인으로 미국 UCLA 의 역사학자 사울 프리들랜더Saul Friedländer(1932년~)가 만들어낸 개념이다.

질렀지만, 홀로코스트는 유대인의 완전한 절멸을 최종 목적으로 삼았다.

1980년대와 1990년대에 발달한 '과거사 기억 문화'를 아메리는 아쉽게도 지켜볼 수 없었다. 보았다면 틀림없이 복잡한 감정에 시달렸으리라. 나치스가 저지른 범죄의 역사적 정리를 그는 쌍수를 들어 환영했으리라. 대다수 독일인이 무슨 도덕적 모범이라도 되는 것처럼 '기억의 세계 챔피언' 행세를 하며 '추모 극장Gedenktheater'•이라는 대형 무대 위에 올라 집단 정화의 축제를 펼치는 연출, 가족과 친지의 구체적 범죄 행각을 밝히려는 노력은 조금도 하지 않으면서 겉만 그럴싸하게 꾸미는 연출에 아메리는 쓴맛을 다시며 촌철살인의 독설을 퍼부었을 게 분명하다.

생애의 막바지에 이르러 아메리는 사르트르에게도 적잖은 실망을 느꼈다. 철학적으로는 여전히 '거인'이었지만 정치적으

• '추모 극장'이라는 표현은 독일 출신의 유대계 시인 막스 촐레크Max Czollek가 쓴 것이다.

말로 담아내기 어려운 이야기

로는 '유치할 정도로 고집스러워' 실패만 거듭한다고 아메리는 답답함을 토로했다.[*] 사르트르는 1974년의 대통령 선거에서 2차 투표까지 벌어졌음에도 좌파 후보인 프랑수아 미테랑François Mitterand에게 표를 주지 않았다. 아예 선거 자체를 거부하고 혁명을 희망했기 때문이다. 그러나 좌파는 아메리의 말에 전혀 관심이 없었으며, 우파는 어처구니없게도 아메리를 적군파Rote Armee Fraktion, RAF의 심정적 동조자라고 몰아붙였다. 아무튼 세상의 편 가르기는 기괴할 정도로 무지하고 폭력적이다.

1970년대에 아메리는 늘 꿈꿔온 일을 이루고자 분투했다. 그는 이야기꾼, 곧 소설가가 되고 싶었다. 그는 '아우슈비츠 생환자'라며 세상이 직업이랍시고 붙인 명칭이 짜증스러워 견딜 수가 없었다.[**] 소설『불꽃 또는 단절Le Feu oder der Abbruch』

---

* 다음 자료를 참조할 것. 장 아메리, 「사르트르, 거인과 실패Sartre. Größe und Scheitern」,『메르쿠르Merkur』제28호(1974), 1123~1137쪽, 인용은 1123쪽. 다음 자료에서 재인용함. 루카스 브란들,『아우슈비츠 이후의 철학』, 29~31쪽.

** 다음 자료를 참조할 것. 이레네 하이델베르거레오나르트,『장 아메리』, 93쪽.

그리고 사르트르와 플로베르에게 그동안 품어온 호감을 결산하는 스토리로 구상된 『샤를 보바리Charles Bovary』는 평단의 뜨뜻미지근한 반응을 얻어내는 데 그쳤다. 심혈을 기울였음에도 엇갈린 평가에 아메리는 우울하기만 했다. [•]

에세이 모음집 『늙어감에 대하여Über das Altern』에서 아메리는 나이 먹어가는 과정을 '내면의 고문'으로 묘사한다. 실제 몸에 가해지는 고문과 마찬가지로 내면의 고문 역시 인간을 오로지 살덩어리로 졸여버린다. 그는 아내 마리아 라이트너와 미국 여인 메리 콕스키타지Mary Cox-Kitaj와의 삼각관계에서 잠깐 신선한 활력을 맛보았지만, 이내 이마저도 갈수록 부담이 되었다. '에셰크échec', [••] 거듭되는 좌절감으로 막다른 궁지에 내몰린 것 같은 심정을 그는 더는 견디기 힘들었다. [•••]

•   다음 자료를 참조할 것. 앞의 책, 335~337쪽.
••   에셰크는 외통수를 뜻하는 단어로 막다른 지경에 이른 자살자의 심경을 표현하는 아메리의 독특한 개념이다(옮긴이).
•••   다음 자료를 참조할 것. 앞의 책, 341~347쪽.

브뤼셀에서 첫 번째 자살 시도를 한 뒤 아메리는 얼마 안 되어 자신이 선택할 자유 죽음을 이론적으로 다지려는 마지막 책을 썼다. 자살은 '인간의 특권'*이라고 그는 다짐한다. 찾아온 손님에게 한없이 불친절하게 구는 세상에서 주체의 존엄을 지킬 마지막 기회가 자살이라고 그는 강조한다. 1978년 작품 낭독회를 위해 여행하던 아메리는 잘츠부르크의 한 호텔에 투숙하면서 자신의 인생에 종지부를 찍었다. 줄지어 등장한 추도사들은 아메리의 자살이 아우슈비츠가 정해놓은 필연적 결과라며 단정하기 바빴다.

그러나 수용소의 많은 생존자가 늦든 빠르든 스스로 생을 마감했다 할지라도, 청소년 시절부터 자유 죽음을 주제로 고민해온 아메리는 자유 죽음이 필연이 아니라 자유의 행동이라고 주장했다. 그는 생을 마감하기 전에 아내 마리아에게 편

• 다음 자료를 참조할 것. 장 아메리, 『손을 내려놓다: 자유 죽음의 논의Hand an sich legen. Diskurs über den Freitod』, 이레네 하이델베르거레오나르트·모니크 부샤르트 공동 편집, 전집 제3권, 슈투트가르트, 2005, 173~343쪽, 인용은 227쪽[이 책은 국내에 『자유 죽음: 살아가면서 선택할 수 있는 유일한 것에 대하여』(김희상 번역)라는 제목으로 출간되었다(옮긴이)].

지를 썼다. 부부는 자녀가 없었지만 종종 예쁜 인형들을 수집하곤 했는데 이 인형을 '귀여운 아이들Fetzenkinder'이라 불렀다.

장 아메리 사랑하는 나의 백합, (…) 나는 자유를 향해 가는 길이야. 쉽지는 않지만, 구원이야. 할 수 있다면 화내지 말고 너무 아파하지도 말고 나를 생각해줘. 당신은 내가 무슨 말을 할지 알지. 나는 당신을 무한히 사랑해. 당신은 내 눈앞의 마지막 그림이었어. (…) 모든 것이, 너무너무 고마워. 오로지 당신 덕분에, 당신과 함께여서 나는 장 아메리로 살 수 있었어. 깊은 사랑에서 우러나는 키스를, 당신의 핑크가(부탁인데 우리 귀여운 아이들을 버리지 말아줘).•

• 장 아메리가 마리아 아메리에게 남긴 유서. 다음 책에서 인용함. 이레네 하이델베르거레오나르트, 『장 아메리』, 351~354쪽.

말로 담아내기 어려운 이야기

* * *

약 9년이 지나 프리모 레비는 장 아메리의 뒤를 따랐다. 몸과 마음이 속속들이 화학자였던 레비는 시대의 증인이자 작가였다. 1948년에서 1977년까지 약 30년 동안 그는 염료공장에서 일했다. 처음에는 연구 직원으로 시작해서 기술책임자가 되었고 결국 총감독의 자리에 오를 정도로 그는 실력이 출중한 화학자였다. 그 밖에도 그는 소설과 에세이, 논평과 칼럼을 썼다. 그는 기회가 있을 때마다 아우슈비츠를 이야기했으며, 생존자로 학교에 강사로 초빙받기도 했다.

총감독의 직무를 끝낸 뒤 레비는 온전히 글쓰기에만 전념했다. 이미 오래전부터 그는 이탈리아를 넘어서까지 이름을 알린 유명한 지성인이었다. 일간지 「라 스탐파La Stampa」(프레스)에 주로 글을 쓰면서 당대의 정치 토론을 주도하기도 했다(아메리와는 반대로 레비는 첫 번째 역사 논쟁을 지켜보았을 뿐만 아니라 직접 참여하기도 했다).

'아우슈비츠라는 블랙홀Buco Nero di Auschwitz'이라는 제목의 기사에서 레비는 독일 철학자이자 역사학자 에른스트 놀테의 수정주의 논제를 격렬히 논박했다.[*] 또한 그는 모든 형태의 폭력을 비난했으며, 독일인의 전례 없는 유대인 학살을 강조하기도 했다. 세세한 부분까지 놓치지 않고 철저히 기획된 인간 파괴와 살인 공장, 살아 있는 생명을 상대로 자행된 체계적인 실험, 시체를 농락하기도 한 실험은 역사에서 유례를 찾을 수 없는 범죄다.

> **프리모 레비** 내가 이 글을 쓰는 이 순간까지도 강제수용소라는 나치스의 체계는 그 규모는 물론이고 성격에서도 유례를 찾을 수 없는 충격이다. 그 어떤 곳, 그 어떤 시간에서도 이처럼 예상을 뛰어넘는 복잡한 시스템을 우리는 보지 못했다. 그처럼 많은 사람이 그토록 짧은 시간 안에 기술적 발명과 광신과

---

[*] 프리모 레비, '아우슈비츠라는 블랙홀', 「라 스탐파」, 1986년 1월 22일, 1쪽부터.

말로 담아내기 어려운 이야기

잔혹함이 투명하게 결합된 시스템으로 절멸당한 적
은 한 번도 없었다.[*]

너그러운 '용서'를 어떻게 말할 수 있느냐는 아메리의 비난
은 사실 레비의 진의를 잘못 짚은 것이다. 레비는 독일 전체
가 잘못을 저질렀다고 기회가 있을 때마다 강조했다. 또 독일
인 대다수가 잘못을 인정하지 않으려 외면한다고도 했다. 그
러나 자신이 중시하는 것은 진정한 참회의 전제조건인 정의
를 바로 세우는 일이라고 말했다.

레비는 오랜 세월이 지나 자신의 책『이것이 인간인가?』가
마침내 독일에서 출간되었을 때 전율했다. 그는 독일인이 이
책을 읽고 진상을 알기를 바랐다. 동시에 자기 나름대로 독일
인을 이해하고 싶어 했다.

프리모 레비 이제 결산의 순간이 다가왔다. 모든 카

---

[*]   프리모 레비,『가라앉은 자와 구조된 자』, 17쪽부터.

드를 테이블 위에 내려놓아야만 하는 순간이다. 그러나 무엇보다도 마주 앉아 대화를 나눠야 할 시간이다.

나는 복수에 관심이 없다. 한 줌의 민족, 한 줌밖에 되지 않는 고위 책임자들을 이해하겠다는 말이 아니다. 독일 민족, 내가 가까이서 지켜본 독일인들, (…) 그들, (…) 나치스를 믿었거나 믿지 않았거나 (…) 침묵하면서 우리의 눈을 보며 빵 한 조각 던져주고 공감의 말 한마디를 속삭여줄 조촐한 용기조차 내지 못했던 그들을 나는 이해하고 싶다. 나는 당시의 상황과 분위기를 아주 잘 기억하기에 당시 독일인들을 아무 선입견 없이, 화도 내지 않고 판단할 수 있다. (…) 당시 거의 모든 독일인의 진짜 잘못, 집단의 보편적인 잘못은 말해야만 한다는 용기를 내지 못했다는 점이다.[*]

• 　앞의 책, 178쪽부터, 인용은 193쪽.

말로 담아내기 어려운 이야기

독일인들은 그칠 줄 모르고 레비에게 독자 편지를 썼다. 주로 책임을 회피하는, 그저 의례적인 투로 아무것도 보지 못했으며 전혀 몰랐노라고 변명을 늘어놓는 글들이었다. 레비는 모든 편지를 최대한 존중하면서 답장을 썼지만 자신의 관점은 바꾸지 않았다. 그와 서신을 주고받은 사람은 파시즘에 반대하는 젊은이에서 늙은 나치 시민에 이르기까지 다양했다. 늙은이들에게는 정중하지만 빈틈없이 그들 논리의 허점을 꼬집었고, 젊은이들과는 우정을 나누었다.

한번은 편지를 주고받은 상대방이 아우슈비츠에서 관리요원이었던 것을 알게 되었다. 상대는 당시 독일의 화학기업 IG 파르벤에서 일했던 인물이다. 이 기업은 그동안 적법한 인수 절차를 거쳐 다른 회사로 탈바꿈한 뒤 계속 생산활동을 벌였다. 레비는 그에게 편지를 써서 당신이 누구인지 안다며, 스스로 정체를 밝히라고 요구했다. 레비는 아무것도 잊지 않았으며, 어떤 것도 용서하지 않았다.

그는 아우슈비츠를 기억하는 것을 평생의 과업으로 여겼다. 그러면서 나이를 먹어갈수록 기억이 퇴색하는 게 아닐까 걱정했다. 아우슈비츠의 현실을 자신의 영혼으로 자유롭게 허구화한 작품을 썼던 헝가리 작가이자 홀로코스트 생존자인 임레 케르테스와는 다르게 레비는 현실 그 자체에 충실하고 싶었다. 그는 허구의 이야기가 실제 있었던 일을 대체하는 게 아닐까 두려워했다.

> **프리모 레비** 물론 (…) 기억은 천천히 허물어진다. 윤곽이 흐려지고 몸의 망각에는 단지 몇몇 기억만이 저항한다. (…) 분명 연습이, 우리의 경우에는 자주 머릿속에 떠올려보는 연습이 훈련으로 근육이 유지되듯 기억을 생생하게 지켜주리라. 하지만 마치 주문을 외듯 이야기의 형태로 전달되는 기억은 일종의 상투성, 다시 말해서 경험을 시험하는 형태로 굳어져 완벽하게 꾸며지는 통에 원래 기억을 대체하고 그 희생으로 우쭐대며 자라날 수 있다.[•]

• 앞의 책, 19쪽부터.

말로 담아내기 어려운 이야기

하지만 이야기를 거듭하는 것 외에 다른 대안이 없음도 그는 확신했다. 레비는 계속해서 아우슈비츠로 돌아갔다. 그가 기억의 심층으로 돌아가는 이런 귀환에서, 증언이라는 행동에 필요한 버팀목을 가졌을까 하는 물음의 답은 알 길이 없다. 레비 자신은 수용소 이후의 세월 동안 행복하게 살았노라고 말하곤 했다.* 누가 이 말을 의심할 수 있으랴? 하지만 나이를 먹어갈수록 그가 우울해진 것은 틀림없는 사실이다.

1987년 4월 11일 레비는 토리노의 집 계단에서 추락했다. 아메리와 거리를 두려 했던 레비가, 자유 죽음 그 자체를 비판했던 레비가 정말 사고였는지, 아니면 마찬가지로 자유 죽음을 택했는지 하는 물음을 놓고 연구자들은 논란을 거듭한다. 엘리 비젤이 논평했듯이, 아우슈비츠에서 이미 죽었던 레비가 40년 뒤 시체로 발견된 것은 아닐까? 이 역시 답을 알 수 없는 물음이다.

---

*   다음 자료를 참조할 것. 미리암 아니시모프, 『프리모 레비』, 9쪽.

가브리엘라 폴리·조르조 칼카뇨, 『잃어버린 목소리의 메아리: 프리모 레비와의 만남』, 밀라노, 1992.

루카스 브란들, 『아우슈비츠 이후의 철학: 장 아메리의 주체성 방어』, 빈, 2018.

루트 나터만, 『초기 이탈리아 여성운동의 유대인 여인들(1861~1945): 토론과 범국가적 네트워크』, 로마의 독일 역사 연구소 총서 제140권, 베를린/보스턴, 2019.

루트 클뤼거, 『계속되는 삶: 어느 청소년』, 제14판, 뮌헨, 2007.

마르틴 도에리, 『어디에도 집은 없고, 어디나 집이다: 홀로코스트 생존자와의 대화』, 뮌헨, 2006.

마리아 라스만, 「몸의 한계, 언어의 한계: 장 아메리와 모리스 메를로퐁티의 현상학」, 이레네 하이델베르거레오나르트·이르멜라 폰 데어 뤼에, 『시대에 앞서: 장 아메리-미래의 고전?』, 괴팅겐, 2009, 91~102쪽.

모리스 메를로퐁티, 『지각의 현상학』, 베를린, 1966, 32~88쪽.

미리암 아니시모프, 『프리모 레비: 어느 낙관주의자의 비극』, 루 게르스트너·페터 푸닌·로날드 부리에 옮김, 베를린, 1999.

볼프강 조프스키, 『테러의 질서: 강제수용소』, 제6판, 프랑크푸르트, 2008.

브루노 베텔하임, 『대중에 항거하다』, 프랑크푸르트, 1989.

브리기타 엘리사 짐뷔르거, 『사실과 허구: 쇼아의 자전적 기록』, 베를린, 2009.

야니스 풀만, 『우울증과 생활세계: 현상학 연구』, 베를린, 2019.

에르빈 라이프프리트·사샤 포이허르트 공동 편집, 「내 혀는 나를 저주하는 언어에 못 박혀버렸다: 홀로코스트 생존자 힐다 슈테른 코헨의 시와 산문(1924~1997)」, 『메멘토』 제2권, 기센, 2003.

에마뉘엘 레비나스, 『전체성과 무한: 표면성 성찰』(프랑스어 원제: Totalité et Infini: essai sur l'extériorité), 볼프강 니콜라우스 크레바니 옮김, 프라이부르크/뮌헨, 2008.

이레네 하이델베르거레오나르트, 『장 아메리: 체념 속의 항거』, 슈투트가르트, 2004.

이스라엘 구트만·에버하르트 제켈Eberhard Jäckel·페터 롱게리히Peter
　Longerich·율리우스 H. 쇼프스Julius H. Schoeps 공동 편집,『홀로코스
　트 백과사전: 유럽 유대인이 당한 박해와 살해』, 베를린, 1993.

임레 케르테스,『운명을 잃은 사람의 이야기』(헝가리어 원제: Sorstalanság),
　크리스티나 비라흐 옮김, 함부르크, 2006.

장 아메리,「그라츠 도시 초입의 식당」, 1957(미발표 원고).

―,『나의 유대 민족』, 이레네 하이델베르거레오나르트·슈테판 슈타이
　너 공동 편집, 전집 제7권, 슈투트가르트, 2005, 31~46쪽.

―,『난파선』, 이레네 하이델베르거레오나르트 편집, 전집 제1권, 슈투
　트가르트, 2007, 7~285쪽.

―,『독일 민족의 심리』, 이레네 하이델베르거레오나르트·게르하르트
　샤이트 공동 편집, 전집 제2권, 슈투트가르트, 2002, 500~534쪽.

―,『마이스터답지 않은 편력 시대』, 이레네 하이델베르거레오나르트·
　게르하르트 샤이트 공동 편집, 전집 제2권, 슈투트가르트, 2002,
　179~349쪽.

―,『밀려나고 추방당하다: 30년 전 망명의 추억』, 이레네 하이델베르
　거레오나르트·게르하르트 샤이트 공동 편집, 전집 제2권, 슈투트가
　르트, 2002, 790~814쪽.

―,『변증법의 전문용어』, 이레네 하이델베르거레오나르트·게르하르트

샤이트 공동 편집, 전집 제6권, 슈투트가르트, 2004, 265~296쪽.

—, 「사르트르, 거인과 실패」, 『메르쿠르』 제28호(1974), 1123~1137쪽.

—, 『서간집』, 이레네 하이델베르거레오나르트·게르하르트 샤이트 공동 편집, 전집 제8권, 슈투트가르트, 2007.

—, 『손을 내려놓다: 자유 죽음의 논의』, 이레네 하이델베르거레오나르트·모니크 부샤르트 공동 편집, 전집 제3권, 슈투트가르트, 2005, 173~343쪽.

—, 『죄와 속죄의 저편』, 이레네 하이델베르거레오나르트·게르하르트 샤이트 공동 편집, 전집 제2권, 슈투트가르트, 2002, 7~177쪽.

—, 『지치지 않는 꾸준한 바로잡음: 나 자신을 의심하며 고발한다』, 이레네 하이델베르거레오나르트·슈테판 슈타이너 공동 편집, 전집 제7권, 슈투트가르트, 2005, 568~572쪽.

—, 『품격 있는 반유대주의』, 이레네 하이델베르거레오나르트·슈테판 슈타이너 공동 편집, 전집 제7권, 슈투트가르트, 2005. 131~140쪽.

—, 『현장성』, 이레네 하이델베르거레오나르트·게르하르트 샤이트 공동 편집, 전집 제2권, 슈투트가르트, 2002, 350~489쪽.

—, 『현재의 탄생』, 올덴/프라이부르크, 1961.

조르조 아감벤, 『아우슈비츠의 남은 자들: 기록 보관소와 증인』, (호모 사케르 III), 슈테판 몬하르트 옮김, 프랑크푸르트, 2003.

토마스 푹스, 『몸과 공간의 현상학: 우울증과 편집증의 현상학적, 경험적 연구』, 하이델베르크, 2000.

프리모 레비, 『가라앉은 자와 구조된 자』(원제: Sommersi e I Salvati, 1986), 모셰 칸 옮김, 3판, 뮌헨, 2019.

—, 『뿌리 찾기: 개인 선집』, 토리노, 1981.

—, '아우슈비츠라는 블랙홀', 「라 스탐파」, 1986년 1월 22일, 1쪽부터.

—, 『이것이 인간인가?』(이탈리아어 원제: Se questo è un uomo), 하인츠 리트 옮김, 뮌헨, 2002.

—, 『주기율표』(원제: Il Sistema Periodico). 에디트 플라크마이어 옮김, 제9판, 뮌헨, 2016.

—, 『휴전』. 바르바라 피히트·로베르트 피히트 공동 번역(이탈리아어 원제: La tregua), 11쇄, 뮌헨, 2019.

W. G. 제발트, 「장 아메리와 프리모 레비」, 이레네 하이델베르거레오나르트 편집, 『장 아메리 평전: 최신 문학사 고찰』, 제102권, 하이델베르크, 1990, 115~124쪽.

어떻게 살아야 하나?

눈을 크게 떠야 한다. 저 혹독한 겨울 같은 세상과 싸워 이기기 위해.

_ 프리드리히 횔덜린

번쩍, 주먹 한 방에 세상은 무너졌다. 주먹으로 얼굴을 맞는 것쯤이야 그럭저럭 견딜 수 있다. 다만 맞는 순간 숨이 턱 막히며 드는 무서운 생각은 저들은 마음만 먹으면 나를 끝장낼 수 있다는 확인이다.

인생이 무뢰배의 난장판은 아닐 것이라는 믿음, 그래도 세상은 선의를 밑바탕에 깔고 있을 거라는 믿음은 이처럼 허망하게 무너진다. 아메리는 첫 고문을 당하던 순간을 위와 같이 증언한다. 잠깐, 이 증언이 100여 년 전의 일회적 사건일까? 묻지도 따지지도 않고 주먹부터 휘두르는 폭력, 합법을 빙자한 폭력은 지금도 바로 우리 곁에서 버젓이 벌어진다. 고귀한 목숨이 아침 이슬처럼 허망하게 스러지는 일은 어처구니가 없을 정도로 쉽게, 자주 벌어진다.

저마다 사정도, 사연도 제각각이어서 얼핏 복잡해 보이기는 하지만 대개 그 배경은 판박이처럼 같다. 인간은 권력을 행사해야 직성이 풀리는 동물이니까. 어제만 해도 이웃이었던 상대를 나보다 못한 약자로 몰아붙이고 찍어 누를 때 맛보는 희열을 이 동물은 좀체 포기하지 못하니까.

권력 행사의 첫걸음은 바로 그래서 항상 편 가르기이다. 우리와 적을 갈라놓을 때 권력의 밑천이 마련되기 때문이다. 고대에서 오늘에 이르기까지 역사를 들여다보면 인류는 늘 자기편과 상대편을 가르고 이 싸움에 불쏘시개로 쓸 희생양을 찾느라 혈안이었다. 그리고 항상 이런 터무니없는 권력이 죽음을 부른다.

인간은 권력의 짜릿한 맛만 볼 수 있다면 기꺼이 악역을 자처하고 나서는 기묘한 존재다. 문제는 이 짜릿한 권력이 휙 사라지는 찰나의 생명력만 가진다는 점, 정의와 거리가 멀다는 점이다. 제아무리 화려하게 핀 꽃일지라도 열흘을 못 가지 않던가. 이내 스러진 꽃은 발길에 짓밟히며 썩어 악취를 풍기다가 사라진다.

우리는 누구나 모날 모시에 태어나 모날 모시에 죽는다. 우리는 어디에서 왔을까? 또 죽어서 어디로 갈까? 인류는 존재 이래 이런 물음들의 답을 찾아왔지만 아직 속 시원한 답은 찾지 못했다. 아니, 답은 영원히 알 수 없으리라. 우리가 유일하게 자신의 힘으로 답을 찾을 수 있는 물음은 이것이다. '어떻게 살 것인가?'

어차피 답을 알 수 없는 물음에 매달리는 사람은 신비주의에 사로잡히고 만다. 내 힘이 아닌, 초자연적인 어떤 힘에 기대고 싶은 마음 탓이다. 그러나 똑똑히 기억하자. 신비주의는 사이비 교주, 허풍쟁이 사기꾼의 다른 이름이라는 사실을! 미래를 열어주고 운명을 개척해준다는 감언이설에 휘둘리는 인생은 깨진 쪽박만 부여안고 구슬피 울 뿐이다.

공원묘지를 찾아본 사람은 안다, 예상하지 못한 가운데 일찌감치 찾아온 안타까운 죽음이 얼마나 많은지를! 언제 불쑥 찾아올지 모르는 죽음을 생각할 때 우리의 오늘은 더없이 귀중한 축복이다. 그들이 언제 죽었는지 아는가? 그들은 모두 '오늘' 죽었다. 더는 내일을 맞을 수 없는 마지막 오늘, 이것이 죽음이기 때문이다. 'You only live once', 이른바 '욜로'는 이런 맥락에서 고쳐 써야 마땅하다. 'We only die once.' 우리는 단 한 번 죽는다. 'We live every day.' 다행히도 우리는 매일 새로운 기회를 얻는다. 이 기회를 허투루 날리지 말고 나무를 키우듯 내 힘으로 정성껏 인생을 보살펴야 한다.

오롯이 자신의 힘으로 살기 좋은 세상을 만들어가려는 노력은 역사의 분수령을 찾아준 원동력이다. 로마제국의 서슬 퍼런 박해에 맞서 스스로 십자가를 택한 예수, 기득권층의 날조한 신에 맞서 인간의 평등과 자유를 선언한 프랑스혁명, 나치의 주먹질에도 쓰러지지 않고 분투한 홀로코스트 영령, 이 모든 피땀 어린 절규는 외친다. 너희는 서로 어깨를 나란히 하고 사랑으로 보듬어가며 함께 자유를 이루고 지켜내라!

자유, 평등, 박애와 같은 가치는 허약하다. 주먹 한 방에 허물어질 수 있는 가치의 취약함은 인생 선배 아메리와 레비의 증언에 기대지 않아도 사실이다. 그러나 우리는 동물에 그치지 않고 무한함을 생각할 줄 아는 유일한 존재다. 채워지지 않고 달랠 수도 없는 권력욕에만 매달리지 않고 권력 너머를 바라볼 줄 알 때, 의미 있는 삶을 살아갈 길이 열린다. 작은 힘이나마 정성을 다해 쌓는 기초는 흔들림 없는 굳건한 가치를 세워준다.

매 순간 최선을 실현하고자 애쓰는 노력이 바로 오늘의 우리를 이루어냈다. 왕권에, 물욕에, 권력에 맞서 굴하지 않고 참다운 나를 찾고자 분투해온 노력은 인류가 역사를 써내려온 원동력이다. 적당히 타협하지 않고는 오늘을 살아갈 수 없다 할지라도, 가치를 붙들고 세우려는 열망은 사그라진 적이 결코 없다. 나의 오늘이 비루하더라도 우리 후손마저 비굴하게 살게 할 수는 없지 않은가?

어떻게 살아야 할지, 이 책은 극한의 고통을 체험한 아메리와 레비의 삶을 그림처럼 증언한다. 이들의 고뇌 어린 성찰이 포기되지 않았기에 오늘 우리는 귀한 가르침을 누린다. 기억하자, 더 나은 내일을 꿈꿔왔기에 우리는 어제보다는 나은 오늘을 누린다는 진리를! 크고자 하거든 남을 섬기라는 성경의

가르침은 새길 때마다 깊은 울림을 준다. 남을 섬길 줄 아는 사람은 참된 권력, 영원한 우러름을 누린다.

우리의 역사는 답보를 거듭하다 못해 퇴보하고 있다. 생산적 활로를 모색하기보다 구태의연한 권력 싸움에 매달려온 탓에 피할 수 없는 수렁에 빠지고 말았다. 지금, 이 순간 우리는 물어야만 한다. 어떻게 살아야 올바른 삶인가? 그 화두를 성찰할 가장 좋은 기회를 이 책은 열어준다. 꾸준히 이런 소중한 기회를 선물해주는 청미출판사의 노력에 경의를 표한다.

2024년 6월 3일

김희상

찾아보기

말로 담아내기 어려운 이야기

초판 1쇄 인쇄   2024년 6월 21일
초판 1쇄 발행   2024년 7월 5일

지은이   크리스토프 다비트 피오르코프스키
옮긴이   김희상
펴낸이   이종호
편 집   김순영
디자인   씨오디
발행처   청미출판사
출판등록   2015년 2월 2일 제2015-000040호
주 소   서울시 마포구 토정로 158, 103-1403
전 화   02-379-0377
팩 스   0505-300-0377
전자우편   cheongmipub@daum.net
블로그   blog.naver.com/cheongmipub
페이스북   www.facebook.com/cheongmipub
인스타그램   www.instagram.com/cheongmipublishing

ISBN   979-11-89134-39-6 03100

* 책값은 뒤표지에 있습니다.